lonely planet

Pocket MADEIRA

IL MEGLIO • DA VIVERE • DA SCOPRIRE

Marc Di Duca

EDT

In questa guida

Per cominciare

La chiave per capire l'isola – per decidere che cosa fare e come farlo

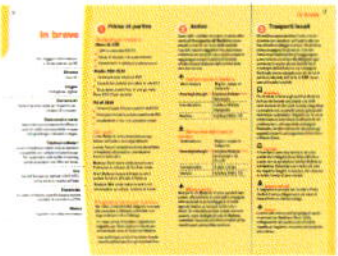

In breve
Consigli per un viaggio senza inconvenienti

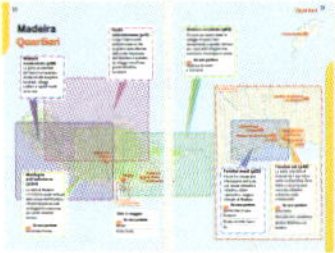

Zone
Che cosa troverete e dove

Scoprire Madeira

Le cose più belle da vedere e da fare, zona per zona

Da non perdere
Ricavate il massimo dalla vostra visita

Vita sull'isola
L'isola vista da vicino

Il meglio di Madeira

Le attrattive più interessanti dell'isola, in comodi elenchi per aiutarvi a pianificare

Itinerari a piedi
Visitate l'isola a piedi

Il meglio
Le esperienze migliori

Guida pratica

Consigli e accorgimenti per godersi l'isola senza intoppi

Trasporti locali
Spostatevi come la gente del posto

Informazioni
Con indicazioni essenziali sul pernottamento

La nostra scelta dei posti migliori per bere, mangiare e vivere l'isola:

- Da vedere
- Pasti
- Locali
- Divertimenti
- Shopping

Questi simboli vi aiutano a individuare le informazioni essenziali:

- Telefono
- Orari
- Parcheggio
- Vietato fumare
- Internet
- Wi-fi
- Piatti vegetariani
- Menu in inglese
- Per famiglie
- Animali ammessi
- Autobus
- Traghetto
- Metropolitana
- Metropolitana
- Tram
- Treno

Trovate velocemente sulla cartina del quartiere ciò che state cercando:

Madeira Pocket

Le guide Pocket Lonely Planet sono pensate per farvi entrare direttamente nel cuore della destinazione.

All'interno troverete tutto ciò che non dovreste assolutamente perdere e una serie di consigli per rendere memorabile la vostra visita. Abbiamo suddiviso l'isola in zone facili da esplorare, con cartine chiare per orientarsi più facilmente. I nostri autori, grazie alla loro esperienza, hanno selezionato il meglio tra passeggiate, pasti, vita notturna, shopping e molto altro. E per facilitare le vostre esplorazioni, le pagine dedicate alla vita nell'isola vi porteranno nei luoghi più stimolanti per conoscere la vera Madeira.

Naturalmente troverete tutti i consigli pratici per un viaggio senza intoppi: itinerari per visite brevi, mezzi di trasporto e quanto lasciare di mancia a chi vi serve da bere alla fine di una lunga giornata in giro.

Ecco la vostra garanzia per un'esperienza davvero grandiosa.

Il nostro impegno

Gli autori Lonely Planet visitano i luoghi della guida, tutti e per tutte le edizioni. Non accettano omaggi o sconti in cambio di recensioni positive e vi raccontano sempre ciò che hanno visto.

Per cominciare 7

Da non perdere 8
Vita sull'isola 12
Giorno per giorno 14
In breve 16
Zone 18

Scoprire Madeira 21

22 Funchal ovest
48 Funchal est
72 Costa settentrionale
80 Madeira orientale
98 Madeira occidentale
104 Montagne dell'entroterra

Vale il viaggio:

Monte 68
Circuito di Madeira orientale 78
I sentieri delle levadas 88
Porto Santo 112

Il meglio di Madeira 117

Itinerari a piedi

Dal Pico do Arieiro al Pico Ruivo 118

Da Boca da Corrida a Encumeada ... 120

Ponta de São Lourenço 122

Il meglio

Pasti 124

Locali e vita notturna 126

Shopping 127

Musei e gallerie 128

Tour 129

Per i bambini 130

Feste ed eventi 131

Spiagge e bagni in mare 132

Villaggi 133

Madeira gratis 134

Degustazioni 135

Parchi e giardini 136

Guida pratica 137

Prima di partire 138

All'arrivo 139

Trasporti locali 140

Informazioni 142

Guida linguistica 146

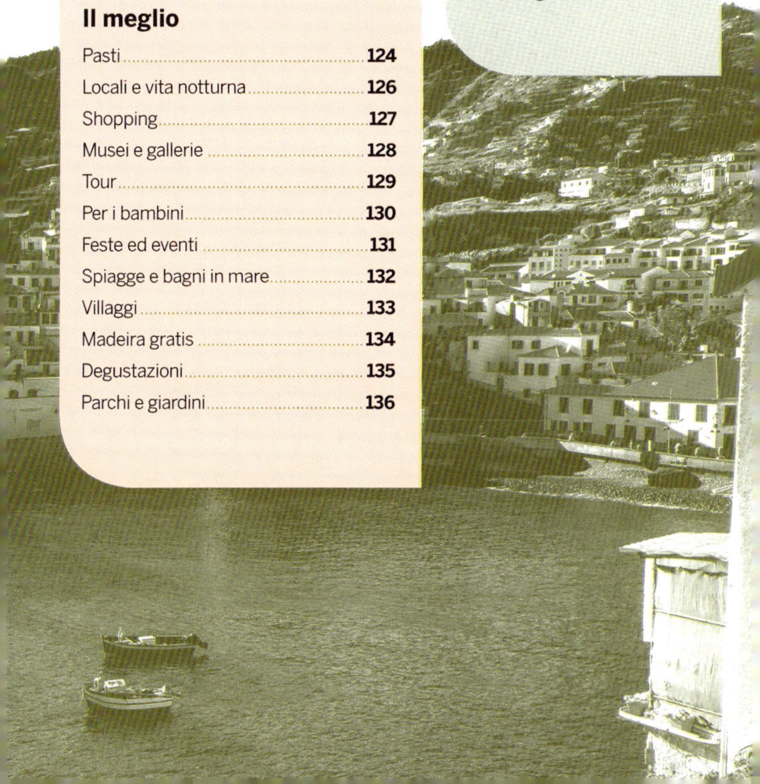

Per cominciare

Da non perdere 8
Vita sull'isola 12
Giorno per giorno 14
In breve 16
Zone 18

Benvenuti a Madeira

Lo spettacolo della natura, l'esuberanza dei colori e il calore del sole che splende tutto l'anno fanno di Madeira la più bella fra le isole portoghesi, capace di esaudire il sogno della perfetta vacanza subtropicale. Perla dell'Atlantico, isola dell'eterna primavera… questa piccola terra vulcanica così ricca di luoghi da scoprire merita tutti i suoi soprannomi come l'affetto dei viaggiatori e dei suoi abitanti.

Funchal vista dagli spalti della Fortaleza do Pico (p38)
PAUL BERNHARDT/GETTY IMAGES ©

Madeira
Da non perdere

Zona Velha (p50)

La 'zona vecchia' di Funchal, un tempo fatiscente e trascurata, è diventata un bel quartiere animato e fulcro della vita notturna grazie all'apertura di allegri bar e ristoranti.

TONY ZELENOFF/SHUTTERSTOCK ©

AM-C/GETTY IMAGES ©

Monte (p68)

Prendete la funivia e affrontate la ripida salita fino a questo sobborgo fresco e immerso nella natura, dove sorge la chiesa più bella di Madeira, circondata da ville aristocratiche. Al ritorno potrete sfrecciare in discesa a bordo di un *carro de cesto do Monte* (slitta di vimini)!

HACKENBERG-PHOTO-COLOGNE/ALAMY ©

Museu Quinta das Cruzes (p24)

Elegante casa-museo che permette di scoprire come vivevano le classi mercantili e l'élite di Madeira tra il XV e il XIX secolo.

MERTEN SNIJDERS/GETTY IMAGES ©

Curral das Freiras (p106)

Percorrete l'antico sentiero che da Eira do Serrado scende fino a questo borgo in posizione spettacolare, cinto su ogni lato da alte pareti di roccia quasi verticali.

Mercado dos Lavradores (p52)

L'imperdibile mercato di Funchal è un tripudio di colori che brillano al sole, dove i pesci esotici pescati nell'Atlantico si trovano accanto ai prodotti raccolti dal fertile suolo vulcanico.

MERTEN SNIJDERS/GETTY IMAGES ©

Porto Santo (p112)

La piccola isola sorella di Madeira è lunga solo 14 km, ma possiede mete affascinanti, come le invitanti spiagge di sabbia dorata e il campo da golf disegnato da Severiano Ballesteros.

MAURICIO ABREU/GETTY IMAGES ©

Jardim Botânico da Madeira (p54)

Visitando il giardino botanico che domina Funchal dall'alto, uno tra i più belli del mondo, si capisce perché Madeira venga chiamata l'isola dell'eterna primavera.

SAIKO3P/SHUTTERSTOCK ©

SYLVAIN GRANDADAM/ROBERT HARDING ©

Museu de Arte Sacra (p26)

Prestigiosa collezione di pittura fiamminga e di altre opere d'arte sacra trasportate a Madeira tra il XVII e il XIX secolo su iniziativa di ricchi mercanti e istituzioni religiose.

IMAGEBROKER/ALAMY ©

Sé (p28)

La cattedrale di Madeira, un tempo sede di una diocesi comprendente tutti i territori portoghesi d'Oltremare, conserva ancora i segni dell'antico sfarzo ecclesiastico.

HOLGER LEUE/GETTY IMAGES ©

Fabbrica di vimini di Camacha (p82)

Osservate gli artigiani al lavoro mentre intrecciano vimini nella fabbrica O Relógio di Camacha, dove si possono ammirare creazioni originali realizzate con l'umile ramo di salice.

Madeira
Vita sull'isola

I consigli che vi darebbe chi ci vive

Vi sono luoghi – giardini nascosti, spiagge di sabbia nera, punti panoramici e ripide strade di montagna – che permettono di conoscere Madeira da una prospettiva diversa, più vicina all'anima madeirense che alle aspettative del turista.

A piedi lungo il Frente Mar (p30)

- Vista sull'oceano
- Nuotare nell'Atlantico

Inondato di sole, il Frente Mar è una passeggiata che corre lungo il litorale costeggiando i migliori alberghi della città, campi da calcio dove giocano i ragazzini, complessi balneari, spiaggette nascoste e la bella Praia Formosa, una lunga distesa di sabbia nera.

Esplorare São Martinho (p32)

- Placidi parchi e giardini
- Panorami

Un abitante di Funchal su quattro vive nella periferia occidentale del capoluogo, ovvero nel quartiere di São Martinho, dove esistono grandi parchi e rigogliosi giardini che raramente vedono passare un turista. Lungo il cammino concedetevi una *bica* (caffè espresso) e un *pastel de nata* (tortina alla crema) in uno dei tanti caffè gestiti in proprio.

Circuito di Madeira orientale (p78)

- Borghi affascinanti
- Vedute spettacolari

Seguite la strada tortuosa che attraversa la parte orientale dell'isola facendo alcune soste lungo il percorso, in cima alle alture, sulle spiagge di sabbia, presso un complesso balneare che abbraccia la scogliera e a Machico, la seconda 'città' di Madeira. Il percorso è in forte pendenza: fate pratica con le partenze in salita!

Igreja de São Martinho (p33)

Picnic presso un belvedere

Dove sentirsi uno del posto:

Statua di Ronaldo (p37)

Saudade Madeira (p46)

Venda da Donna Maria (p61)

Armazém do Mercado (p64)

Case triangolari di Santana (p76)

Ponta do Pargo (p102)

Paúl da Serra (p111)

Madeira
Giorno per giorno

Primo giorno

La prima tappa di ogni viaggio a Madeira è la città di Funchal. Per una rapida panoramica sulla storia dell'isola iniziate dalla **Madeira Film Experience** (p36). Una volta in centro, visitate la **Sé** (p28), la cattadrale di Madeira, e poi il **Museu Quinta das Cruzes** (p24), dove vi farete un'idea di come viveva l'élite dell'isola nei secoli passati.

Dopo pranzo fate una passeggiata nella **Zona Velha** (p50) arrivando fino alla stazione della funivia. Salite con questa al verde sobborgo di Monte (500 m sopra il livello del mare) sorvolando panoramicamente i tetti di Funchal. Visitate la **Igreja da Nossa Senhora** (p69), bevete un caffè nel romantico Largo da Fonte e tornate in città sfrecciando su uno dei famosi *carros de cesto do Monte* (slitte di vimini).

Per godervi la serata fin dal calar del sole, passeggiate lungo il **Frente Mar** (p30) fino a **Praia Formosa** (p132), spiaggia di sabbia nera dove vi fermerete ad ammirare lo spettacolo del sole che incendia l'orizzonte dell'Atlantico. Concludete la giornata in bellezza con una cena di pesce al **Doca do Cavacas** (p31).

Secondo giorno

Dedicate la mattina alla scoperta dell'incredibile flora dell'isola visitando il **Jardim Botânico da Madeira** (p54) che si raggiunge con una breve corsa in autobus dal centro di Funchal. Il caffè del giardino è un posto magnifico dove fermarsi a pranzo contemplando il panorama di Funchal e della sua baia.

Lasciato il giardino, scendete verso Praça do Município, la più bella piazza di Funchal, circondata da eleganti edifici in basalto. Non appena riapre dopo la pausa pranzo, visitate il **Museu de Arte Sacra** (p26), che possiede una pregevolissima collezione di pittura fiamminga, e subito dopo la vicina **Casa Museu Frederico de Freitas** (p36), dove si conservano interessanti oggetti d'arte.

Nella Zona Velha si trovano alcuni tra i migliori ristoranti di Funchal. Se volete gustare la cucina madeirense più autentica in una via seminascosta, scegliete il ristorante **Venda da Donna Maria** (p61). Se invece preferite mangiare pesce in compagnia di una clientela importante andate al **Gavião Novo** (p59). Dopo cena potreste aver voglia di sorseggiare un paio di *ponchas* (acquavite di canna, succo di limone e miele) alla **Mercearia da Poncha** (p62) o qualche cocktail al **Barreirinha Cafe** (p62).

Avete poco tempo?
Abbiamo organizzato in questi itinerari divisi per giorni tutte le cose da non perdere a Madeira perché siate sicuri di vedere il meglio che la città offre nel tempo che avete a disposizione.

Terzo giorno

Al **Mercado dos Lavradores** (p52) conviene andare al mattino presto per vedere il mercato del pesce in piena attività. Se vi turbasse la vista del pesce sciabola nero, potrete rinfrancarvi con un caffè e un dolce al vicino **Pau de Canela** (p62), un tipico caffè con pasticceria. Nelle vicinanze merita senz'altro una puntata anche l'**Armazém do Mercado** (p64) con le sue bancarelle di cibi locali, i ristoranti alla moda o i chioschi temporanei e perfino un museo del giocattolo.

È giunto il momento di lasciare la città e dirigersi verso **Câmara de Lobos** (p102), villaggio di pescatori a ovest di Funchal. Bevete una *poncha* insieme ai pescatori e poi prendete il treno turistico per **Cabo Girão** (p101), scogliera alta 580 m con una terrazza panoramica di vetro sospesa sull'abisso.

Se calcolate bene il tempo o ritornate in taxi, potete gustare una buona cena di pesce a Câmara de Lobos, con i colori di un tramonto macaronesiano negli occhi. **Vila do Peixe** (p102) è un ristorante specializzato in pesce alla griglia, **Vila da Carne** (p103) è il posto giusto per ordinare un'*espetada* (spiedino di manzo alla griglia).

Quarto giorno

Noleggiate un'auto per scoprire alcune delle grandi bellezze naturali dell'isola. L'ideale è partire da Funchal ancora con il buio e puntare verso nord per vedere sorgere il sole dall'alto del **Pico do Arieiro** (p109), la terza vetta di Madeira – c'è una strada che arriva fino in cima. Con un breve tragitto d'auto arriverete al fresco Ribeiro Frio, dove si trovano l'incredibile belvedere chiamato **Balcões** (p109) e un **allevamento di trote** (p110). Assaporatene una nell'accogliente **Restaurante Ribeiro Frio** (p111).

Scendete verso la costa settentrionale e fate una breve tappa a Santana per vedere le **case triangolari** (p76) con il tetto di paglia. Proseguite verso ovest lungo la costa fino a São Vicente per una visita guidata delle **Grutas** e del **Centro do Vulcanismo** (p75). Memorabile sarà la strada che vi riporta alla costa meridionale attraverso la valle gigante che divide l'isola in due.

All'uscita della valle centrale vi attende Ribeira Brava, graziosa cittadina dove potrete cenare al **Borda D'Agua** (p103) o al **Muralha** (p103), ristoranti con vista mare. Un breve tragitto d'auto lungo la Via Rápida vi riporterà a Funchal.

In breve

Per maggiori informazioni,
v. Guida pratica (p137)

Moneta
Euro (€)

Lingue
Portoghese, inglese

Documenti
Carta d'identità valida per l'espatrio per i cittadini UE e svizzeri.

Bancomat e carte
I bancomat sono ampiamente diffusi; le carte di credito sono accettate in quasi tutti gli alberghi, ristoranti e negozi.

Telefoni cellulari
La rete di telefonia mobile utilizza standard compatibili con i cellulari di tutta Europa. Per risparmiare sulle tariffe di roaming potete acquistare una SIM card locale.

Ora
Ora dell'Europa occidentale (GMT/UTC), un'ora indietro rispetto all'Italia.

Elettricità
Le prese richiedono spinotti doppi a sezione circolare; la corrente è a 220V.

Mance
In genere non si lasciano mance.

1 Prima di partire

Budget giornaliero

Meno di €50

- Letti in camerata €15-25
- Spesa al mercato e al supermercato
- Spostamenti in autobus (costano poco)

Medio €50-€150

- Camera doppia intorno a €90
- Cena di due portate con calice di vino €25
- Escursione a piedi/tour di una giornata intera €25-35 per persona

Più di €150

- Camera doppia di lusso a partire da €200
- Cena gourmet da tre portate a partire da €80
- Spostamenti e tour con operatori privati

Siti web

I Love Madeira (www.ilovemadeira.org) Notizie sull'isola a cura degli abitanti.

Lonely Planet Italia (www.lonelyplanetitalia.it/madeira) Informazioni, prenotazioni, forum e tanto altro.

Madeira Rural (www.madeirarural.com) Promuove lo sviluppo del turismo rurale.

Visit Madeira (www.visitmadeira.pt) Il portale turistico ufficiale di Madeira.

Madeira Web (www.madeira-web.com) Informazioni su cultura, turismo ed eventi.

Programmare per tempo

Sei mesi prima Nell'alta stagione invernale (da novembre a febbraio) prenotate con largo anticipo i voli e l'albergo.

Un mese prima Prenotate i biglietti del traghetto per Porto Santo e il tavolo per un'eventuale cena al Casino da Madeira.

Una settimana prima Prenotate il trasferimento dall'aeroporto e gli eventuali tour.

2 Arrivo

Quasi tutti i visitatori arrivano in aereo atterrando all'**Aeroporto di Madeira** (www.ana.pt), circa 20 km a est della capitale Funchal. I pochi viaggiatori che approdano a Madeira nel corso di una crociera possono raggiungere a piedi il centro di Funchal, situato a breve distanza dal terminal delle navi da crociera.

Dall'aeroporto di Madeira

Destinazione	Miglior mezzo di trasporto
Zona degli alberghi	Autobus SAM per l'aeroporto
Funchal centro	Autobus SAM per l'aeroporto
Machico	Autobus SAM n. 113

Dal terminal delle navi da crociera

Destinazione	Miglior mezzo di trasporto
Zona degli alberghi	Autobus Horários do Funchal n. 01, 02 o 04
Funchal centro	A piedi o in taxi
Machico	Autobus SAM n. 113

All'aeroporto

Aeroporto di Madeira Vi sono sportelli bancomat, uffici di tutte le principali compagnie internazionali di autonoleggio e di molte agenzie locali e un *turismo* (ufficio turistico). Se intendete portare a casa souvenir pesanti, come bottiglie di vino di Madeira, rimandate l'acquisto all'ultimo e fatelo all'aeroporto poco prima della partenza.

3 Trasporti locali

Gli autobus rappresentano l'unico mezzo possibile per spostarsi sull'isola in alternativa all'auto a noleggio e ai taxi. Gli autobus della compagnia **Horários do Funchal** (www.horariosdofunchal.pt) raggiungono quasi tutte le vie della città (sfidando ogni pendenza) e anche alcune località fra le montagne dell'entroterra. La compagnia **Rodoeste** (www.rodoeste.com.pt) serve la parte occidentale dell'isola, la **SAM** (www.sam.pt) quella orientale.

Autobus

Per le corse urbane sugli autobus Horários do Funchal dovrete acquistare una delle varie formule di Giro card, tessera magnetica ricaricabile con i contanti presso gli appositi distributori automatici. I biglietti per le corse extraurbane si acquistano direttamente dal conducente o, nel caso della compagnia Rodoeste, sia dal conducente sia presso gli appositi chioschi sul lungomare di Funchal e a Ribeira Brava.

Funivia

A Funchal ci sono due funivie in servizio: quella che collega la Zona Velha a Monte e quella che va da Monte al Jardim Botânico da Madeira. Entrambe sono molto più care dei rispettivi tragitti in autobus, ma riducono di molto i tempi di percorrenza.

Imbarcazioni

Il traghetto in servizio tra Funchal e Porto Santo è l'unico collegamento via mare di linea all'interno dell'arcipelago.

Aereo

L'unico volo interno dell'arcipelago è quello in servizio tra Madeira e Porto Santo, collegamento più rapido e più affidabile rispetto al traghetto, ma anche decisamente più costoso.

Madeira Zone

Costa settentrionale (p72)
Lungo l'aspra costa settentrionale le alte scogliere sono sferzate dalle onde impetuose dell'Atlantico e scandite da villaggi che offrono grandi attrattive turistiche.

Madeira occidentale (p98)
La parte occidentale dell'isola è un'assolata distesa di alte scogliere, bananeti, villaggi costieri e vigneti rivolti verso sud.

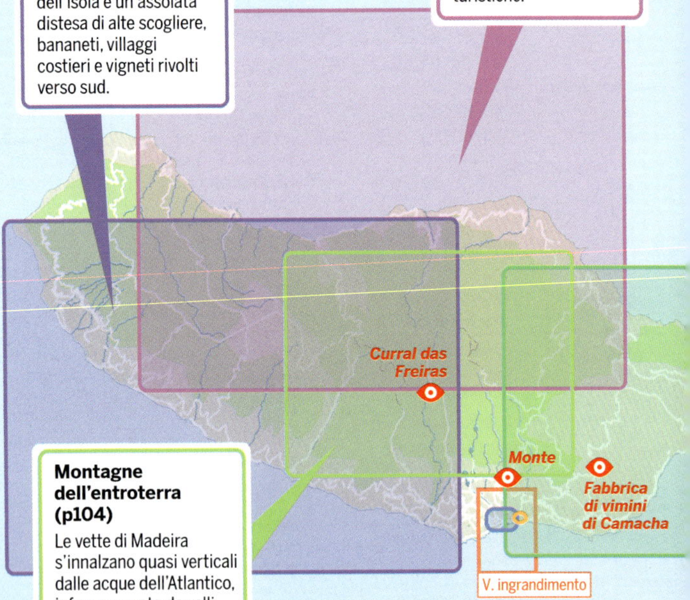

Montagne dell'entroterra (p104)
Le vette di Madeira s'innalzano quasi verticali dalle acque dell'Atlantico, inframmezzate da valli verdeggianti e percorse dai canali chiamati levadas.

Da non perdere
Curral das Freiras

Vale il viaggio

Da non perdere
Monte
Porto Santo

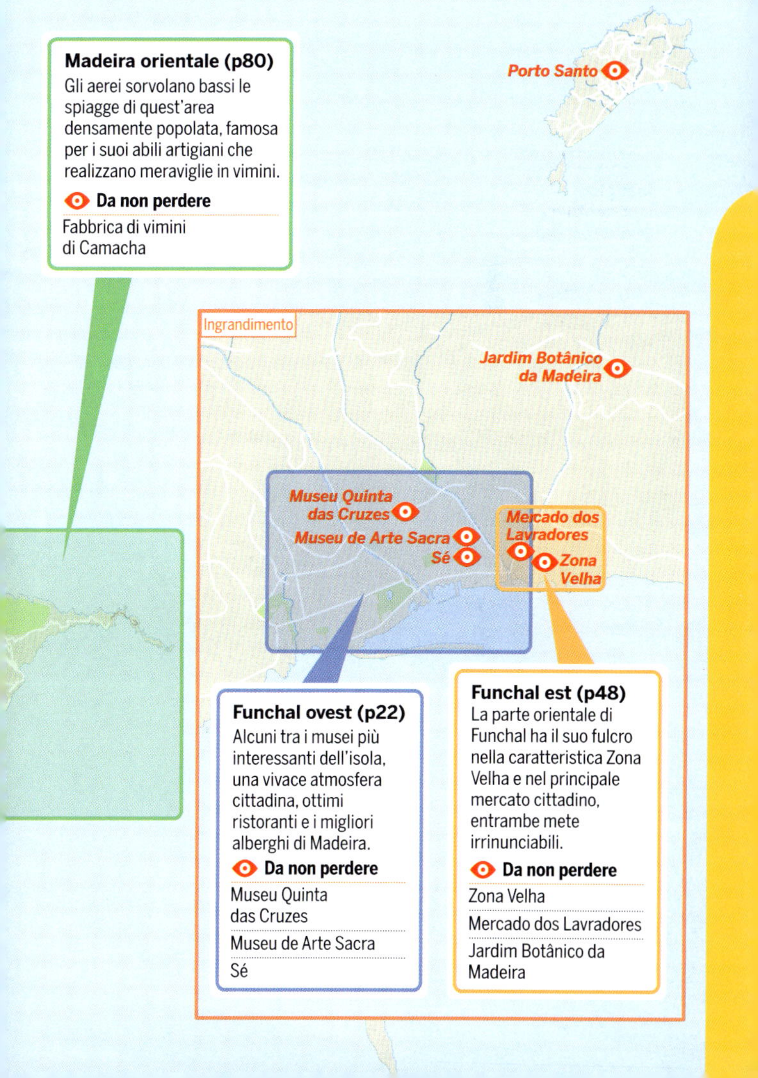

Madeira orientale (p80)

Gli aerei sorvolano bassi le spiagge di quest'area densamente popolata, famosa per i suoi abili artigiani che realizzano meraviglie in vimini.

Da non perdere

Fabbrica di vimini di Camacha

Funchal ovest (p22)

Alcuni tra i musei più interessanti dell'isola, una vivace atmosfera cittadina, ottimi ristoranti e i migliori alberghi di Madeira.

Da non perdere

Museu Quinta das Cruzes

Museu de Arte Sacra

Sé

Funchal est (p48)

La parte orientale di Funchal ha il suo fulcro nella caratteristica Zona Velha e nel principale mercato cittadino, entrambe mete irrinunciabili.

Da non perdere

Zona Velha

Mercado dos Lavradores

Jardim Botânico da Madeira

Scoprire Madeira

Funchal ovest 22
Funchal est 48
Costa settentrionale 72
Madeira orientale 80
Madeira occidentale 98
Montagne dell'entroterra 104

Vale il viaggio

Monte 68
Circuito di Madeira orientale 78
I sentieri delle levadas 88
Porto Santo 112

Pesci appesi a essiccare, Câmara de Lobos (p102)

Scoprire

Funchal ovest

Fra le antiche stradine, gli ampi viali del Novecento e le graziose piazze del centro si trovano alcuni dei luoghi più affascinanti di Madeira, i suoi migliori negozi e i musei più interessanti. La parte occidentale del capoluogo è anche la zona più trafficata dell'isola: dall'alba al tramonto le strade brulicano di autobus gialli, gente seduta nei caffè all'aperto e isolani venuti a far compere da fuori città.

In un giorno

Iniziate la giornata con una prima colazione a base di caffellatte e *pastel de nata* (tortina alla crema) nell'eccellente **A Confeitaria** (p41) che dista pochi passi dal **Museu Quinta das Cruzes** (p24), uno tra i più interessanti della città per il modo in cui ricostruisce gli ambienti un tempo abitati dall'aristocrazia madeirense.

Pranzate al **Boho Bistrô** (p40), dove si gustano fantasiosi piatti che mescolano la cucina locale con altre influenze gastronomiche. Mangiate senza fretta: il **Museu de Arte Sacra** (p26) non riapre prima delle 14.30. Dopo questo museo, visitate la **Sé** di Funchal (p28) che in passato fu la cattedrale di tutti i territori portoghesi d'oltremare. Proprio accanto si trova **Saudade Madeira** (p46), negozio che vende bei souvenir la cui provenienza dall'isola è garantita.

La sera non avrete che l'imbarazzo della scelta. Passeggiate sul lungomare guardando le navi da crociera che illuminano la diga foranea prima di gustare la buona cucina madeirense del ristorante **O Celeiro** (p40) o dell'**Armazém do Sal** (p41), sempre che non vogliate concedervi una cena speciale da **Il Gallo d'Oro** (p40).

Per un assaggio della vita locale a Funchal ovest, v. p30 e p32.

Da non perdere

Museu Quinta das Cruzes (p24)

Museu de Arte Sacra (p26)

Sé (p28)

Vita in città

Passeggiare lungo il Frente Mar (p30)

Esplorare São Martinho (p32)

Il meglio

Pasti

Boho Bistrô (p40)

O Celeiro (p40)

Il Gallo d'Oro (p40)

Locali

Cafe do Museu (p43)

Prince Albert Pub (p42)

Shopping

Livraria Esperança (p45)

Saudade Madeira (p46)

Casa do Turista (p45)

Trasporti

Autobus Quasi tutti gli autobus in servizio in città e sull'isola passano per il centro di Funchal. Dalla zona degli alberghi prendete i n. 01, 02, 04 e 48.

Da non perdere
Museu Quinta das Cruzes

Oggi trasformata in museo, la Quinta das Cruzes è una tipica villa madeirense, completa di giardino e cappella privata. Costruita nel Quattrocento come residenza di João Gonçalves Zarco, il capitano portoghese che 'scoprì' Madeira, fu ampliata e completamente rimaneggiata nel XVIII secolo dalla facoltosa famiglia Lomelino. I mobili e gli oggetti in mostra illustrano la vita degli aristocratici di Madeira dal XV al XIX secolo – nelle eleganti sale dai soffitti alti si ammirano preziosi pezzi d'antiquariato provenienti da tutto il mondo.

Cartina p34, E2

http://mqc.gov-madeira.pt

Calçada do Pico 1

interi/bambini €3/gratuito

10-12.30 e 14-17.30 mar-dom

Il giardino della Quinta das Cruzes

In primo piano

Giardino

Prima o dopo la visita al museo è piacevole fare quattro passi nel giardino, realizzato secondo i canoni esotici prediletti dalle élite di fine Ottocento. È un'oasi romantica e tranquilla di alberi secolari, sentieri di pietra, panchine all'antica e aiuole di piante subtropicali. Lungo il muro occidentale crescono orchidee in vaso, mentre lungo il lato meridionale sorge una piccola cappella di norma chiusa al pubblico.

Primo piano

Nelle 11 sale del primo piano è visibile gran parte della collezione. Qui, di stanza in stanza, tra mobili raffinati, ceramiche, arazzi, stampe, quadri a olio e gioielli provenienti da tutta Europa e dai paesi d'oltremare, ci si fa un'idea della ricchezza che accumularono le classi mercantili locali intorno al XVIII e al XIX secolo. Da segnalare, in particolare, sono i paesaggi di Madeira dipinti a olio nell'Ottocento, la collezione di glittica (con alcuni pezzi di epoca romana), la tipica camera da letto di una *quinta* (villa) di Madeira e la sezione dedicata a Carlo I d'Austria (c'è pure il suo prezioso orologio Breguet).

Piano terra

Al posto dei mobili stile Chippendale e dei delicati ventagli del piano superiore, al piano terra sono esposti mobili in legno massiccio e pesanti oggetti in argento. Spiccano le *caixas de açucar*, letteralmente 'casse da zucchero' (credenze realizzate con il legno duro delle casse usate un tempo per trasportare lo zucchero dal Brasile a Madeira), un bell'esempio di riciclo fatto nel XVI secolo. Interessanti sono anche gli oggetti provenienti dalle colonie dell'Estremo Oriente, come la collezione di portantine (usate anche per circolare sull'isola quando non c'erano le strade) e la vasta collezione di argenteria portoghese.

☑ Consigli

- Il giardino rimane aperto anche durante la pausa pranzo.
- In ogni sala ci sono fogli informativi in inglese.
- Borse e zaini vanno depositati negli appositi armadietti all'ingresso.
- Dietro la biglietteria c'è il 'parco archeologico', una collezione di elementi architettonici appartenuti a vecchi edifici di Funchal.

Una pausa

Il caffè più simpatico della zona è la **Teahouse** (cartina p34, D1; Calçada do Pico 2-4; ⌚8-17 lun-ven) situata nel giardino dell'Universo de Memórias, di fronte al museo. Ma dopo aver visto gli ambienti lussuosi in cui vivevano i ricchi madeirensi sarebbe forse più adatta una puntata al rinomato **Snack bar Prince Charles** (cartina p34, E2; Rua Mouraria 52), specializzato in zuppe e panini, di fronte alla Chiesa di São Pedro.

Da non perdere
Museu de Arte Sacra

La più bella collezione d'arte di Madeira si trova nell'ex residenza del vescovo, un palazzo del XVI secolo che si affaccia su Praça do Município. Acquistata con i proventi del commercio dello zucchero, la collezione è nota per gli splendidi quadri fiamminghi commissionati da ricchi mercanti e proprietari terrieri madeirensi, intenzionati ad abbellire le loro *quintas* – tra i personaggi minori di alcuni dipinti figurano i rispettivi committenti. Per facilitare la conservazione del patrimonio artistico locale, negli anni '50 si decise di radunare tutte le opere d'arte sacra in un'unica sede.

Cartina p34, G2

www.museuartesacrafunchal.org

Rua do Bispo 21

ingresso €3

10-17 lun-ven, 10-13 sab

Museu de Arte Sacra

In primo piano

Argenteria sacra

Le prime sale del museo ospitano la collezione di argenteria, migliaia di oggetti, grandi e piccoli, che splendono grazie allo sfondo scuro delle teche e all'illuminazione soffusa. I crocifissi, gli ostensori, i piatti e le teiere in argento massiccio provengono un po' da tutta l'isola, ma soprattutto dalla Sé, mostrando la ricchezza di cui disponeva la diocesi più grande mai esistita (che aveva giurisdizione su tutti i territori portoghesi d'oltremare). Il fiore all'occhiello è la croce processionale della Sé, capolavoro d'argenteria tardogotica commissionato personalmente da Dom Manuel I.

Dal Cinquecento al barocco

La sezione centrale del museo presenta una serie di dipinti a olio, statue gotiche e sculture barocche del XVI e XVII secolo, che in passato adornavano le *quintas* e le chiese di Madeira, ma in gran parte provenienti dal Convento de Santa Clara, a suo tempo assai ricco di opere d'arte. Meritano uno sguardo più attento il gruppo scultoreo a grandezza naturale raffigurante l'Ultima Cena, una statua di Giuda con in mano una borsa di denaro e una statua del XVII secolo incredibilmente ben conservata di Isabella d'Aragona, regina consorte del Portogallo.

Maestri fiamminghi

I maggiori tesori della collezione sono custoditi nelle quattro sale del primo piano dedicate all'arte fiamminga. In una sala si ammirano l'*Ascensione della Vergine*, il *Trittico dell'Incarnazione* e il *Trittico di San Pietro, San Paolo e Sant'Andrea* di Joos Van Cleve; in un'altra *Maria Maddalena* di Jan Provoost (proveniente dalla Chiesa Madalena do Mar) e la *Natività* attribuita al Maestro del Trittico Morrison. Di grande pregio, infine, è anche il *Calvario* di Pieter Coeck van Aalst.

☑ Consigli

- All'interno del museo non è consentito l'uso di macchine fotografiche e videocamere.
- L'ingresso al museo è in Praça do Município, una tra le piazze più belle di Funchal.
- Alla destra del museo si trova il Municipio di Funchal, che ha un bellissimo cortile decorato con *azulejos* e una fontana al centro.
- Adiacente al museo è la piccola Capela de São Luís de Franca (XVII secolo), aperta da martedì a venerdì dalle 14.30 alle 18.

Una pausa

Il Cafe do Museu (p43), all'interno dell'edificio, è perfetto per un caffè o per mangiare qualcosa.

Leque (cartina p34, F2; Praça do Município 7; spuntini €1,80-3,20; ⏲8-22 lun-ven, fino alle 18 sab, 9-17 dom) è un caffè con tavoli sulla bella Praça do Município, che serve pasti e bevande a prezzi economici.

Da non perdere
Sé (Cattedrale)

Nel cuore del capoluogo sorge l'edificio di culto più importante dell'isola. Il suo campanile domina il profilo della città fin dagli inizi del XVI secolo. Benché di dimensioni modeste, la cattedrale fu per un periodo il centro della diocesi più grande mai creata nella chiesa cattolica, comprendendo tutti i territori d'Oltremare del Portogallo, dal Brasile all'India. Oggi comprende solo l'arcipelago di Madeira e rappresenta una tra le principali mete turistiche di Funchal.

Cartina p34, G3

www.sefunchal.com

Rua do Aljube

ingresso libero

7-12 e 16-18.45

Decorazioni in *talha dourada* all'interno della cattedrale

In primo piano

Interno

Abituati alla luce brillante del sole, gli occhi impiegano un paio di minuti per mettere a fuoco l'interno poco illuminato della cattedrale di Madeira. Tra gli elementi più belli da osservare va ricordato l'*alfarje*, stupendo soffitto in legno di cedro finemente intagliato, con incrostazioni di avorio, corda e conchiglie. L'altro capolavoro è il retablo gotico dell'altare maggiore, commissionato da Dom Manuel I e realizzato tra il 1512 e il 1517. Restaurato nel 2014, presenta 12 pannelli raffiguranti la vita della Madonna e la Passione di Cristo.

La storia

Dom Manuel I aveva un debole per la Sé di Funchal e lo dimostrò dotando la sua chiesa preferita di doni preziosi quali il fonte battesimale (appena entrati sulla sinistra), il pulpito e la croce processionale (ora esposta al Museu de Arte Sacra, p26). Elemento alquanto insolito per Madeira è la targa in ottone incastonata nel pavimento della navata settentrionale, che conferma le antiche relazioni commerciali tra Madeira e le Fiandre, dove questo tipo di targhe è comune. La targa fu collocata in memoria di Pedro de Brito Oliveira Pestana, facoltoso mercante del XVI secolo, e della sua consorte.

Esterno

Uscendo, lungo il lato meridionale dell'edificio, si segnalano i pinnacoli ritorti in stile manuelin (stile architettonico in auge in Portogallo tra il 1490 e il 1520). Il campanile della Sé domina da oltre cinque secoli lo skyline di Funchal – purtroppo non è permesso salire.

☑ Consigli

- Le visite turistiche sono vietate durante la messa della domenica mattina (dalle 11 alle 12).
- Non programmate la visita nel primo pomeriggio: la cattedrale riapre alle 16!
- È consentito fotografare ogni parte dell'edificio.
- C'è sempre qualche abitante del luogo raccolto in preghiera: rispettate il silenzio, anche se entrate con un gruppo numeroso.
- Il momento migliore per visitare la Sé è subito prima o dopo la messa, quando tutte le luci sono accese e il soffitto scolpito risulta ben illuminato.

Una pausa

Non lontano dalla Sé c'è il Penha D'Águia (p43), uno dei migliori caffè di Funchal. In alternativa provate il Saudade Madeira (p46) che propone ottimi piatti a base di ingredienti locali.

Vita sull'isola
A piedi lungo il Frente Mar

Il lungomare che costeggia la zona degli alberghi di Funchal è perfetto per una pigra passeggiata da primo giorno sull'isola, ma anche per fare quattro passi prima di cena. Tra gli scogli rivolti a sud saettano lucertole e fioriscono piante tropicali e subtropicali, che danno un sapore esotico al miele prodotto dalle api locali. Difficile arrivare alla fine del tragitto: numerosi caffè, ristoranti, spiagge e belvedere invitano a numerose soste.

1 Lido

Lo stabilimento del Lido è in realtà chiuso da anni (attualmente è in fase di costruzione un nuovo complesso balneare ultramoderno), ma la zona continua a richiamare molti visitatori grazie ai suoi bar e ristoranti e al grande campo in erba orlato di palme dove a volte si improvvisano partite di calcio tra giovani turisti e ragazzi locali.

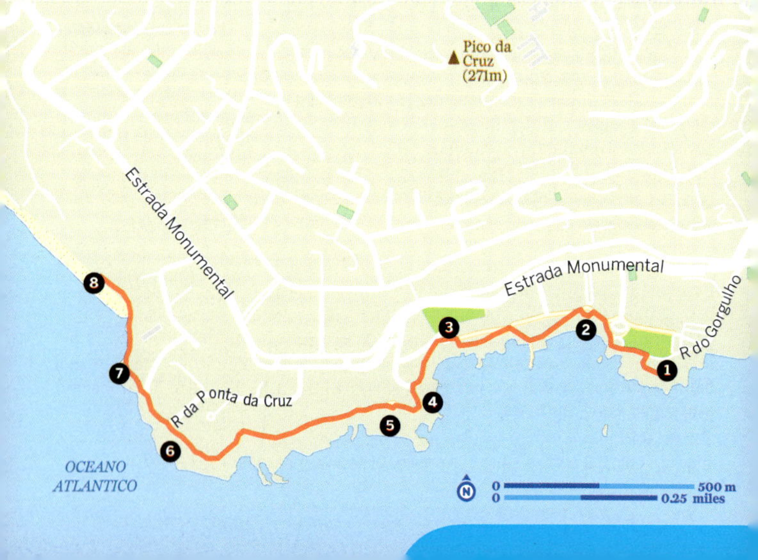

❷ Ilhéu do Lido

Appena superato il Lido, non potrete fare a meno di notare l'alto scoglio che svetta in mezzo all'oceano a breve distanza dalla costa. Chiamato Ilhéu do Lido, il minuscolo isolotto sorge di fronte a un'area balneabile, con una terrazza per prendere il sole e una spiaggia di sassi, molto frequentata da famiglie locali e straniere. Qualche nuotatore esperto sfida le onde per raggiungere l'alto scoglio a bracciate.

❸ Jardim Panorâmico

Tramite una rampa di gradini che parte dal lungomare si sale al **Jardim Panorâmico** (Estrada Monumental; ingresso libero; ⌚7-22), un bel giardino terrazzato ed esposto al sole, ideale per fermarsi a leggere o per trascorrere alcune ore con i bambini - ci sono una pista da go-kart, un castello gonfiabile e una pista da minigolf. In zona si trovano anche un paio di caffè.

❹ Clube Naval do Funchal

Una vasta chiazza di bougainvillea viola annuncia l'arrivo al **Clube Naval do Funchal** (www.clubenavaldofunchal.com; Rua da Quinta Calaça 32; ingresso giornaliero per i non soci €10; ⌚9-18), un centro sportivo completo di ristorante, piscina per bambini, piscina d'acqua di mare, attrezzature sportive di vario tipo, parco giochi e centro immersioni.

❺ Complexo Balnear Ponta Gorda

All'altezza di Ponta Gorda si trova un altro stabilimento balneare, non attrezzato come il centro sportivo precedente, dove si può comunque prendere il sole e fare il bagno. Si tratta del **Complexo Balnear Ponta Gorda** (Ponta Gorda; interi/bambini €5/gratuito; ⌚9-18), molto frequentato dalla gente del posto, che offre piscine, un caffè-bar, una zona con tavoli da ping-pong e una 'spiaggia' di cemento. Lo stabilimento è aperto tutto l'anno, ma l'estate è la stagione di maggior affluenza.

❻ Ponta da Cruz

La statua di João Gonçalves Zarco guarda verso Cabo Girão da Ponta da Cruz, grande scoglio proteso verso l'Atlantico. Da qui l'autobus n. 2 vi riporterà al Lido; in alternativa potete proseguire il cammino scendendo i gradini sotto la statua.

❼ Doca do Cavacas

Nella cucina del ristorante **Doca do Cavacas** (Rua da Ponta da Cruz; portate principali €11-16,50; ⌚ 12.30-24 mar-dom) arriva solo il pesce pescato in loco. Vista da fuori, la sala da pranzo semicircolare, con ampie vetrate e splendido panorama a 180° sull'oceano, sembra sbucare dalla roccia vulcanica come la punta di un trasatlantico.

❽ Praia Formosa

Un tunnel scavato nella roccia scende dal Doca do Cavacas a Praia Formosa, la spiaggia più grande di Madeira. La spiaggia inizia con una serie di grandi scogli basaltici, ma oltre il parcheggio diventa una lunga distesa di sabbia vulcanica nera, il posto giusto per riposarsi al termine della camminata.

Vita sull'isola
Esplorare São Martinho

Questa passeggiata in discesa parte da uno dei migliori belvedere di Funchal per attraversare la periferia occidentale della città e arrivare a un favoloso albergo affacciato sull'Atlantico, passando per giardini tropicali, ville e panorami stupendi. È un quartiere poco frequentato dai turisti, dove risiede circa un quarto della popolazione di Funchal, distribuita fra residenze eleganti e complessi di case popolari, come il rione Nazaré.

❶ Pico dos Barcelos

Con gli autobus n. 9, 12, 13 o 48 raggiungerete questo *miradouro* (belvedere) a 355 m sopra il livello del mare. Davanti a voi si spiegherà l'intera città di Funchal circondata dall'oceano. Prendetevi tutto il tempo per contemplare il paesaggio – sul posto c'è anche un parco giochi per i bambini – e approfittate di uno dei caffè della zona per bere qualcosa prima di mettervi in marcia. Da qui la strada è tutta in discesa!

❷ Cemitério de São Martinho

Il **Cemitério de São Martinho** (Caminho de São Martinho; ⌚9-17) è un luogo molto affascinante e ben lontano dai percorsi turistici. Vedrete le cappelle di famiglia dei madeirensi benestanti, chiamate *jazigos*, tombe monumentali riccamente decorate, alcune in stile art nouveau o funzionalista, inframmezzate da tombe e lapidi di basalto neogotiche.

❸ Igreja de São Martinho

A dominare la parte occidentale di Funchal è l'esile campanile bianco della **Igreja de São Martinho** (www.paroquiasmartinho.com; Rua da Igreja; ⌚15-19 lun-ven, 9-12 e 16-20 sab, 9-13 dom), un grande edificio dell'inizio del XX secolo. L'interno, molto decorato, è in stile neoclassico e dal sagrato si ha una bella vista sul tratto occidentale della zona degli alberghi.

❹ Jardim de São Martinho

Proprio sotto la chiesa scoprirete l'incantevole **Jardim de São Martinho** (Caminha da Igreja Nova; ⌚7-21 apr-ott, 8-19 nov-marzo), uno spazio verde realizzato sul fianco della collina rivolto verso sud, con terrazze, sentieri, palme e migliaia di piante esotiche e succulente che digradano fino a un parco giochi per i bambini.

❺ Mata da Nazaré

In questo giardino dimenticato ci sono molte palme e ampi prati dove poter stendere una coperta da picnic. Il monumento al Combatente Madeirense no Ultramar omaggia gli abitanti dell'isola che perirono combattendo nelle colonie portoghesi tra gli anni '50 e il 1974.

❻ Estádio dos Barreiros

Dopo aver ammirato il panorama che si offre allo sguardo da Rua dos Estados Unidos da América, arriverete all'Estádio dos Barreiros, nuovo di zecca, dove gioca in casa il Marítimo, la squadra madeirense della Primeira Liga (serie A portoghese). Le partite di norma si disputano la domenica pomeriggio in un'atmosfera di festa, resa chiassosa da percussioni e megafoni.

❼ Quinta Magnólia

I giardini della Quinta Magnólia, ex tenuta di una famiglia di mercanti inglesi, sono molto belli ma offrono attrezzature sportive in parte piuttosto datate. Magnifica invece è la **Biblioteca de Culturas Estrangeiras** (www.bprmadeira.org; Rua Dr Pita, Quinta Magnólia; ⌚9.30-17 lun-ven), dove il tempo si è fermato, con scaffali pieni di libri in lingua straniera, disponibili per il prestito.

❽ Reid's Hotel

Fondato dallo scozzese William Reid, il primo albergo di Funchal aprì i battenti nel lontano 1891 e per molti continua a essere la miglior sistemazione di Madeira. Ha ospitato vari personaggi illustri tra cui Winston Churchill, Gregory Peck e parecchie teste coronate. Ancora oggi si contano molti vip tra i clienti che frequentano l'elegante **Tea Terrace** (☎291 717 171; www.belmond.com; Estrada Monumental 139; €33,50 per persona; ⌚15-17.30) e le lussuose camere con vista sulla Baia di Funchal.

A
B
C
D
1
2
3
4
5
Descrizioni
Da non perdere p24
Da vedere p36
Pasti p40
Locali p42
Divertimenti p44
Shopping p45
Cç do Pico
9
Quinta das Cruzes
Fortaleza do Pico
35
34
R das Maravilhas
R Calouste Gulbenkien
R Rei
R do Jasmineiro
R Luís de Camões
17
Quinta Magnolia
Av do Infante
Quinta Vigia
7
10
Parque de Santa Catarina
26
Av Sá Carneiro
20
R Imperatriz D Amélia
Museu CR7
2
19
Estrada Monumental
R Carvalho Araujo
27
14

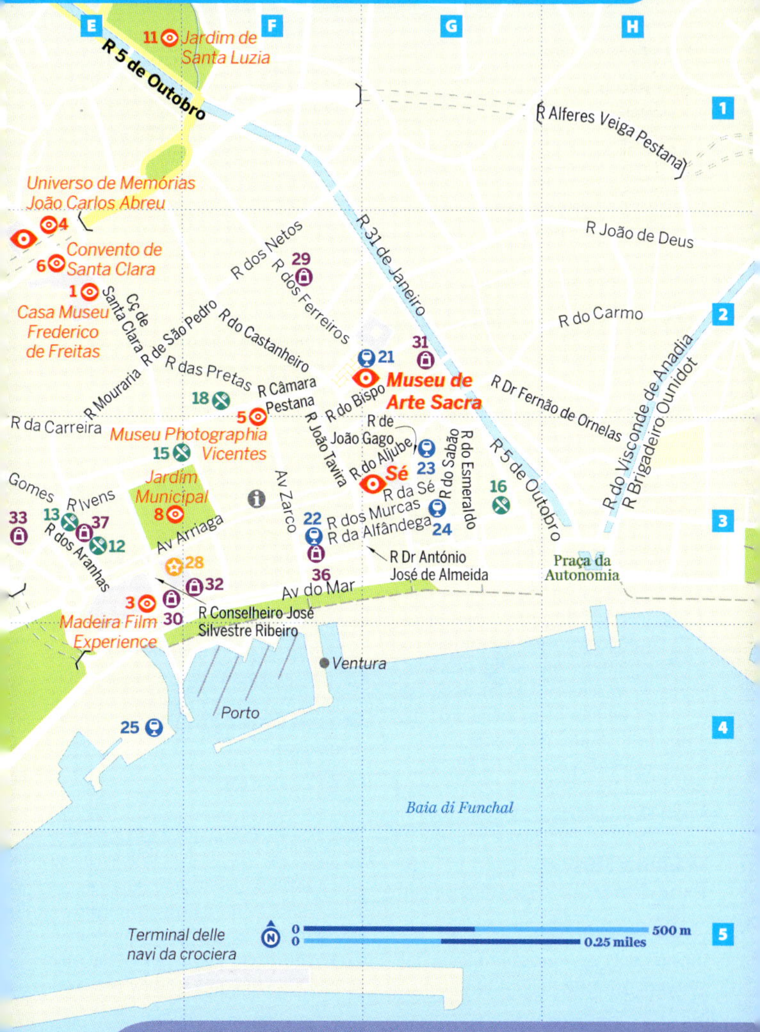
E
F
G
H
1
2
3
4
5
11 Jardim de Santa Luzia
R 5 de Outobro
R Alferes Veiga Pestana
Universo de Memórias João Carlos Abreu
4
Convento de Santa Clara
6
1
Casa Museu Frederico de Freitas
Cç de Santa Clara
R dos Netos
29
R dos Ferreiros
R 31 de Janeiro
R João de Deus
R do Carmo
R de São Pedro
R do Castanheiro
R Mouraria
R das Pretas
R Câmara Pestana
21
31
Museu de Arte Sacra
R Dr Fernão de Ornelas
R do Visconde de Anadia
R Brigadeiro Ounidot
18
5
R do Bispo
R da Carreira
Museu Photographia Vicentes
R de João Gago
R João Tavira
R do Aljube
23
R do Sabão
R do Esmeraldo
R 5 de Outobro
15
Jardim Municipal
8
Sé
R da Sé
16
Gomes
R Ivens
Av Zarco
R dos Murcas
R da Alfândega
24
33
13
37
12
R dos Aranhas
Av Arriaga
22
36
R Dr António José de Almeida
Praça da Autonomia
28
32
Av do Mar
3
30
R Conselheiro José Silvestre Ribeiro
Madeira Film Experience
Ventura
Porto
25
Baia di Funchal
Terminal delle navi da crociera
0
500 m
0
0.25 miles

Da vedere

Casa Museu Frederico de Freitas — MUSEO

1 Cartina p34, E2

Questa villa signorile fu costruita dai conti di Calçada nel XVII secolo e acquistata da Frederico de Freitas, avvocato locale, negli anni '40. Collezionista appassionato di ogni genere di oggetti, de Freitas trascorse i tre decenni successivi a riempire le stanze della sua casa con oggetti antichi e ninnoli raccolti durante i suoi viaggi in giro per il mondo. (Calçada de Santa Clara 7; ingresso €3; 10-17.30 lun-sab)

Museu CR7 — MUSEO

2 Cartina p34, C5

Se, dopo qualche giorno a Funchal, il fatto fosse sfuggito alla vostra attenzione, ora lo sapete: Cristiano Ronaldo è nato e cresciuto a Funchal. Il Museo CR7 è sostanzialmente un grande scaffale pubblico che raduna tutte le coppe, le medaglie, i premi, le lettere di fan e i palloni d'oro raccolti dal più grande calciatore del mondo durante la sua brillante carriera. (291 639 880; www.museucr7.com; Rua Princesa Dona Amélia 10; ingresso €5; 10-18 lun-sab)

Madeira Film Experience — ESPERIENZA CULTURALE

3 Cartina p34, E3

I viaggiatori possono apprendere 'la storia di Madeira in 30 minuti': la nuova attrazione di Funchal fa questa promessa, senza deluderla. Si tratta della proiezione di un video prodotto in modo eccellente, con commento in più lingue, che accompagna lo spettatore attraverso le tappe principali della storia dell'isola. Si imparano molte cose e si esce con il desiderio di saperne di più. (291 222 748; www.madeirafilmexperience.com; Marina Shopping, Rua Conselheiro José Silvestre 1, entrata est; ingresso €5; 10.15-17.45)

Universo de Memórias João Carlos Abreu — MUSEO

4 Cartina p34, E2

Ospitato in un'elegante villa dell'Ottocento, questo museo e centro d'arte espone un'altra collezione molto eterogenea, stavolta donata alla città da João Carlos Abreu, giornalista, scrittore, politico, attore, artista, ministro del turismo, nonché appassionato viaggiatore e collezionista. Non si tratta di semplici souvenir: ogni sala è piena di splendidi oggetti e opere d'arte. (Calçada do Pico 2; ingresso €3,50; 10-17 lun-ven)

Museu Photographia Vicentes — MUSEO

5 Cartina p34, F3

Fondato da Vicente Gomes da Silva nel 1865, questo studio di fotografia, che dà su un cortile acciottolato, è rimasto attivo fino al 1982 e risulta perfettamente conservato. La mostra di attrezzature fotografiche d'epoca è senz'altro interessante, ma il vero tesoro del museo sono le 800.000 fotografie scattate per lo più

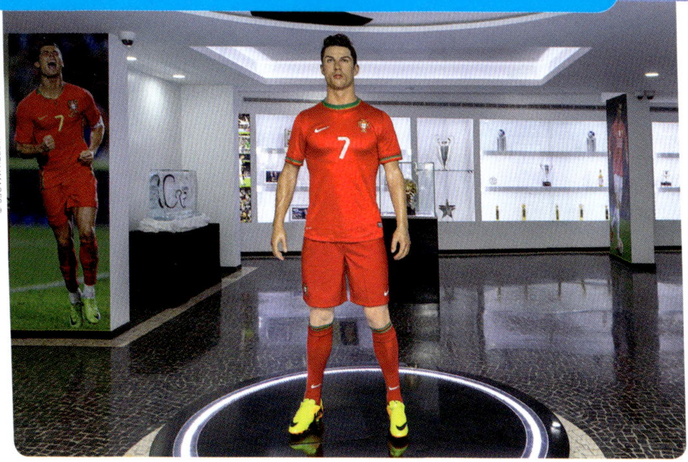

GREGORIO CUNHA/AFP/GETTY IMAGES ©

Statua in cera di Cristiano Ronaldo, Museu CR7

nel XX secolo, testimonianza inestimabile della vita sull'isola. All'epoca delle nostre ricerche il museo era chiuso per restauro. (http://photographiamuseuvicentes.gov-madeira.pt; Rua da Carreira 43; ingresso €3; ⌚10-12.30 e 14-17 lun-ven)

Convento de Santa Clara

CONVENTO

6 Cartina p34, E2

Il gioiello di questo convento del XV secolo, un tempo il più ricco dell'isola, è la sua bellissima chiesa interamente rivestita di *azulejos* e dotata di un lucido pavimento in legno duro. Le suore offrono brevi visite guidate del resto del complesso: bussate alla porta del convento adiacente. (Calçada de Santa Clara; ingresso €2; ⌚10-12 e 15-17)

Vita in città

La statua di Ronaldo

Passeggiando lungo l'ampio viale che collega il centro città con il porto, non si può fare a meno di notare la **statua di Ronaldo**, monumento in bronzo eretto in onore del figlio più illustre di Funchal. Svelata nel dicembre del 2014 alla presenza del calciatore, la statua ritrae la star del Real Madrid nella famosa posa che assume prima di battere una punizione. Molti hanno fatto notare quanto la figura appaia ben dotata (non stiamo parlando di talento calcistico) e qualcuno ha perfino suggerito di dare una limatina al bronzo, ma chi di dovere ha deciso che non era il caso di intervenire.

Quinta Vigia
GIARDINI

7 Cartina p34, D4

Il presidente del governo regionale di Madeira apre al pubblico i lussureggianti giardini della sua residenza ufficiale, uno spazio verde d'altri tempi con sentieri di ghiaia, fontane e uccelli in voliera. Dal giardino si vedono le navi da crociera ancorate nel porto. (Avenida do Infante; orario irregolare)

Jardim Municipal
PARCO

8 Cartina p34, E3

In questo rigoglioso parco del centro, creato dove un tempo sorgeva il Convento de São Francisco, ci sono decine di alberi esotici, uccelli, sentieri di ghiaia nera, un caffè, servizi igienici e

DANITA DELIMONT/GETTY IMAGES ©

Jardim Municipal

un palco dove si tengono vari eventi durante l'anno, soprattutto nel corso del Carnevale. (Avenida Arriaga)

Fortaleza do Pico
FORTEZZA

9 Cartina p34, D2

Facile da avvistare, ma difficile da raggiugere, vale la pena di salire fino a questa fortezza su un'altura a nord-ovest del centro: la vista è stupenda. Costruita nel XVII secolo come postazione di vedetta, la fortezza è proprietà dell'esercito portoghese da più di 70 anni (di qui le varie zone ad accesso vietato). È un posto tranquillo, dove si può fare anche un picnic. (Rua do Castelo; ingresso libero; 9-18 lun-sab)

Parque de Santa Catarina
PARCO

10 Cartina p34, D4

Grande parco in pendenza, con un caffè, il parco giochi più bello del centro città e la cappella più antica di Madeira. (Avenida do Infante; 7-21 apr-set, fino alle 19 ott-marzo)

Jardim de Santa Luzia
PARCO

11 Cartina p34, E1

Dove un tempo c'era uno zuccherificio (come testimoniano il grande camino al centro di una struttura in mattoni e i frammenti di macchinari sparsi qui e là) oggi c'è un'oasi verde poco visitata, in pieno centro, con un'abbondante vegetazione esotica, una levada, un bel parco giochi e un caffè. (Rua 31 de Janeiro; 8-24)

Conoscere

Ronaldo

A Madeira vanno tutti matti per il calcio. Per accorgersene basta frequentare i parchi di Funchal nel tardo pomeriggio e vedere quanti bambini e ragazzi corrono dietro a un pallone. Funchal, città di 100.000 abitanti, riesce a tenere ben tre squadre (Marítimo, União e Nacional) in serie A nel campionato portoghese ed è sull'isola di Madeira, precisamente a Camacha, che il Portogallo vide disputare la sua prima partita di calcio in assoluto. Come in tutto il mondo lusofono, il calcio a Madeira è dunque una religione oltre che uno sport.

Con queste premesse non dovrebbe stupire il fatto che Funchal ha dato i natali a quello che alcuni definiscono il miglior calciatore *di sempre*. Cristiano Ronaldo dos Santos Aveiro (Ronaldo è il suo secondo nome) è nato nel 1985 a Santo António, sobborgo di Funchal situato immediatamente a nord del centro città. Si dice che i genitori, appartenenti alla classe operaia di Funchal, abbiano scelto il suo secondo nome in onore del presidente Reagan. Il giovane Ronaldo ha iniziato la sua carriera nell'Andorinha, squadra dilettante di Santo António, per passare presto al Nacional e quindi allo Sporting Lisboa e al Manchester United. Nel 2009 la squadra inglese ha venduto Ronaldo al Real Madrid per 80 milioni di sterline, cifra che ne ha fatto il giocatore più costoso di tutti i tempi.

Cristiano Ronaldo ha ottenuto praticamente tutti i premi a cui può aspirare un calciatore (è improbabile, tuttavia, che riesca a vincere la Coppa del Mondo con la nazionale portoghese). Ha conquistato per ben tre volte il Pallone d'Oro, come pure il titolo di Scarpa d'Oro e di miglior giocatore FIFA, UEFA e della Premier League inglese. Tutti questi riconoscimenti non gli hanno fatto dimenticare l'isola dell'Atlantico dove tutto è cominciato. Torna con regolarità a Madeira, dove vive ancora la madre, e di recente ha donato a Funchal molti dei suoi trofei, maglie autografate e altri cimeli calcistici consentendo così la creazione del Museu CR7 (p36), oggi apprezzata meta turistica. Inoltre, dopo aver segnato un goal, solleva spesso la maglia della squadra per mostrare una maglietta su cui è scritto a pennarello un'unica parola: 'Madeira'. L'amore è reciproco e infatti gli appassionati di calcio di Funchal seguono ogni passo del loro idolo, in campo e fuori dal campo.

Pasti

O Celeiro

MADEIRENSE €€

12 Cartina p34, E3

Uno dei locali più antichi di Funchal, 'Il granaio' accoglie i clienti in una sala con travi a vista e attrezzi agricoli appesi alle pareti. Molto frequentato, propone una cucina tipica a base di pesce e frutti di mare, con alcuni piatti di carne – per esempio, maiale in salsa al curry e costolette d'agnello. Consultate la pagina Facebook. (291 230 622; Rua dos Aranhas 22; portate principali €7,50-19; 12-15 e 18-23, chiuso dom)

Boho Bistrô

BISTRÒ €€

13 Cartina p34, E3

Il termine 'fusion' non è molto usato nella gastronomia madeirense, ma questo piccolo e simpatico bistrò prova a fare qualcosa che nessuno aveva mai tentato prima sull'isola: mescola i sapori tipici madeirensi/portoghesi a quelli asiatici e sudamericani. Se a questo aggiungete il design contemporaneo del locale all'interno di un edificio tradizionale, il risultato complessivo è notevole. (918 048 432; Rua dos Aranhas 48/50; portate principali €12-15,50; 12.30-15.30 e 19 fino all'ultimo cliente)

Il Gallo d'Oro

MEDITERRANEO €€€

14 Cartina p34, A5

L'unica stella Michelin dell'isola brilla nella cucina di Benoît Sinthon, lo chef del famoso Cliff Bay Hotel. Il menu è all'insegna dei migliori sapori mediterranei e contempla anche specialità madeirensi in versione gourmet. L'ambiente della sala da pranzo, rinnovata di recente, è raffinato ma molto sobrio e la clientela facoltosa. È richiesto un abbigliamento casual elegante (giacca per gli uomini). (291 707 700; www.ilgallodoro.com; Cliff Bay Hotel, Estrada Monumental 147; 3/4/5 portate €70/95/115; 8-10.30 e 19-22)

Restaurantes dos Combatentes

MADEIRENSE €€

15 Cartina p34, E3

Ristorante senza fronzoli, a gestione familiare, situato in un angolo del Jardim Municipal. Si servono pesce sciabola nero, *espetada* (manzo alla griglia cotto su uno spiedo), frutti di mare e un paio di gustosi piatti vegetariani. La sala da pranzo è arredata con oggetti d'antiquariato e attrezzi agricoli, ma ciò che conta qui è la cucina locale, buona e genuina. (291

Il consiglio

Bolo de mel

Benché descritto come 'torta al miele', lo squisito dolce marrone scuro chiamato *bolo de mel* in realtà viene preparato con la melassa *(mel de cana)*. I madeirensi lo mangiano soprattutto a Natale, i turisti tutto l'anno. Il *bolo de mel* non andrebbe mai tagliato con il coltello, bensì spezzato con le mani. Si accompagna bene con il vino Madeira.

Conoscere

Porto di scalo sulla rotta transatlantica

Quando non esistevano gli aerei, Madeira era essenzialmente un porto di scalo per le navi dirette sull'altra sponda dell'Atlantico. Il capitano Cook vi approdò nel corso di uno dei suoi viaggi di esplorazione e vi fece scalo anche Darwin in rotta verso le Galapagos. Napoleone vi transitò, per così dire, nell'agosto 1815 sulla via dell'esilio, prima di proseguire per Sant'Elena. Rimase infatti a bordo dell'H.M.S. *Northumberland* ancorato nella Baia di Funchal, in compagnia di 600 bottiglie di Madeira ricevute in dono dal console britannico.

I due visitatori più illustri sbarcarono a Madeira rispettivamente dopo la prima e dopo la seconda guerra mondiale. L'imperatore d'Austria Carlo I vi giunse in esilio nel 1919 e vi morì di polmonite tre anni dopo. Winston Churchill scelse l'isola per concedersi un soggiorno di tutto riposo nel 1950, ma fece in tempo a dipingere un unico quadro che elezioni anticipate lo richiamarono in patria.

Il Reid's Palace tiene un libro degli ospiti illustri, ma per vedervi scritto il proprio nome non basta alloggiare in una delle sue lussuose stanze – in quasi 130 anni ce l'hanno fatta solo in 78.

223 388; all'angolo tra Rua de Saõ Francisco e Rua Ivens; portate principali €7-16; ⏲11.45-15 e 18-22.30)

Armazém do Sal — PORTOGHESE €€

16 Cartina p34, G3

Ricavato da un vecchio magazzino del sale, è uno dei migliori ristoranti del centro. Nella bella sala con pareti in pietra e soffitto in legno scuro, si gustano piatti insoliti per l'isola, per esempio a base di cinghiale, selvaggina e alghe, ingredienti più diffusi sulla terraferma portoghese, ma anche sapori tipici di Madeira come il pesce sciabola nero o il carpaccio d'ananas tra i dessert. (☎291 241 285; www.armazemdosal.com; Rua da Alfândega 135; portate principali €13-23; ⏲12-15 e 18.30-23 lun-ven, 18.30-23 sab)

A Confeitaria — PASTICCERIA €

17 Cartina p34, C4

Di fronte al casinò si trova questa nuova e frequentatissima pasticceria, che vende torte e pasticcini di produzione propria. Offre anche il servizio al tavolo e il caffè costa meno di €1. La bontà dei dolci e i prezzi ragionevoli fanno sì che la saletta spartana e i tavoli esterni siano sempre affollati. Naturalmente i dolci sono in vendita anche per asporto. (Quinta Victoria, Avenida do Infante; paste a partire da €0,60; ⏲7-22 lun-ven, a partire dalle 7.30 sab e dom)

Londres — CUCINA DI MARE €€

18 Cartina p34, F2

In attività dal 1976, il 'Londra' è stato uno dei primi locali turistici di Madeira. In una sala semplice gusterete piatti tipici madeirensi, oltre a molluschi, calamari e pietanze non di origine locale. Il servizio è eccellente e – buon segno – il locale è frequentato da molta gente del posto, soprattutto all'ora di pranzo. (Rua da Carreira 64A; portate principali €11-15; 11.45-15.45 e 18-23.30;)

Locali

Vespas

CLUB

19 Cartina p34, C5

Il miglior nightclub di Madeira, sulla piazza dal 1980, è stato fino a poco fa l'unico locale dell'isola dove potersi scatenare di notte. Continua comunque a essere il locale notturno più originale e divertente e, in occasione di eventi come il Carnevale o la Festa da Flor, non manca di fare la sua parte. (Avenida Sá Carneiro 7; 24-7 ven e sab)

Cafe do Teatro

CAFFÈ

L'elegante caffè attiguo al Teatro Baltazar Dias (v. 28 cartina p34, E3) è aperto tutto il giorno ma si anima soprattutto dopo il tramonto. Potete scegliere se accomodarvi a un tavolo esterno per osservare il viavai della gente o nel cortile, dove il sabato sera i DJ propongono il sound più alla moda. (Avenida Arriaga; 10-fino a tardi;)

Prince Albert Pub

PUB

20 Cartina p34, C5

È il pub inglese di Funchal aperto da più tempo. Offre lo sport in TV, l'arrosto della domenica, musica dal vivo e poltrone in vimini. Le chiacchiere fra stranieri residenti creano una curiosa atmosfera coloniale. (291 235 793; Rua Imperatriz Dona Amélia 86; 11-24;)

Copacabana

CLUB

All'interno del casinò (v. 26 cartina p34, D4), è un animato club con DJ resident e musica anni '80 e '90. Serate dal vivo con artisti locali o provenienti dal Brasile e dal Portogallo, proiezioni video e una clientela molto eterogenea rendono questo locale il posto dove ci si diverte di più a Funchal dopo il tramonto. (www.casinodamadeira.com; Avenida do Infante; 23-3 gio, fino alle 4 ven e sab)

Conoscere

Il vino di Madeira

Forse vi sarà già capitato di assaggiare il dolce nettare dell'isola, ma una volta sul posto finirete per domandarvi 'ma che vino è il Madeira?'. Prodotto a partire da uve coltivate sull'isola, il vino viene fortificato con l'aggiunta di un'acquavite (in genere proveniente dalla terraferma portoghese) e invecchiato in botti di rovere in un ambiente caldo. Più a lungo dura l'invecchiamento, più vellutato è il gusto e più elevato il prezzo. Trattandosi di un vino sottoposto a ossidazione, è perfino possibile svuotare le bottiglie di Madeira, pulirle e riempirle di nuovo con il vino – la qualità non ne risente.

HOLGER LEUE/GETTY IMAGES ©

A cena e a passeggio in Avenida Arriaga

Cafe do Museu

CAFFÈ

21 Cartina p34, G2

Sotto la loggia del Museu de Arte Sacra si trova questo eccellente caffè che, di sera, si trasforma in locale notturno assai frequentato, specialmente nel weekend, quando è tra i locali che vendono alcolici che chiudono più tardi sull'isola. (Praça do Município; 9-24 dom-gio, fino alle 4 ven e sab)

Mini Eco Bar

BAR

22 Cartina p34, F3

Minuscolo bar creato nel rispetto dell'ambiente (vernici ecologiche, elettrodomestici di classe A), dove c'è movimento soprattutto nel weekend, quando i DJ suonano musica di tendenza per una clientela rilassata. è l'ambiente perfetto per una serata in mezzo alla gente – ma non se volete sedervi. (www.fresh-citrus.com; Rua de Alfândega 3; 21-24 lun e mar, fino alle 3 mer-ven, 10-14 e 21-3 sab;)

Penha D'Águia

CAFFÈ

23 Cartina p34, G3

La miglior catena di panetterie/pasticcerie di Funchal sforna *pastel de nata* e macina chicchi di caffè fin dal 1844 e i suoi bei caffè sono molto amati e frequentati sull'isola. Mantenendo il binomio 'prezzi economici/buona qualità', di recente ha iniziato a offrire anche pasti a buffet, ma rimane imbattibile l'accoppiata caffè più dolcetto. (Rua de João Gago 6-8; 7.30-19 lun-sab, a partire dalle 8.30 dom)

Loja de Chá

SALA DA TÈ

24 Cartina p34, G3

La piccola sala da tè con tavoli sulla soleggiata Praça do Colombo offre un centinaio di tipi di tè (verdi, neri, al gelsomino, infusi alla frutta) che accompagnano spuntini e pranzi leggeri. I tè più pregiati hanno prezzi piuttosto elevati. (Rua do Sabão 33-35; 9.30-20)

Beerhouse

MICROBIRRIFICIO

25 Cartina p34, E4

Il locale che si affaccia sul porto turistico con un dehors coperto da una serie di tetti a tenda è l'unico microbirrificio di Funchal che produce una discreta lager alla tedesca. Insieme alla birra propone un menu turistico di piatti tipici madeirensi. Il costume bavarese dei camerieri è un po' una forzatura, ma merita farvi una puntata per la birra, i cocktail e la bella posizione del locale. (Pontão São Lazaro; 10-24 dom-gio, fino alle 2 ven e sab)

> Conoscere
> **Fado**
>
> Benché non sia un genere musicale originario dell'isola, il fado è amato a Madeira come in tutto il Portogallo e a Funchal vi sono almeno due locali dove ascoltarlo. Le origini del fado, canto accompagnato dalla chitarra, si devono ricercare nei locali malfamati di Lisbona durante il primo Ottocento. A melodie spesso malinconiche si accompagnano testi che parlano di amore disperato, povertà, nostalgia e della vita difficile di chi parte per mare. Il fado è il genere caratteristico del mondo lusofono, come la samba, dalle opposte note allegre.

Divertimenti

Casino da Madeira

CASINÒ

26 Cartina p34, D4

Anche se non siete giocatori incalliti, vi divertirete a trascorrere una serata nel famoso casinò di Madeira, progettato da Oscar Niemeyer (l'architetto che disegnò Brasilia, la capitale del Brasile costruita ex novo). Dopo la raffinata cena con spettacolo, andate a vedere come è possibile bruciare in un lampo grandi cifre alle slot machine o a fare quattro salti nella discoteca Copacabana. È consigliato un abbigliamento casual elegante. (www.casinodamadeira.com; Avenida do Infante; 15-3 dom-gio, 16-4 ven e sab)

Scat Funchal Jazz Club

JAZZ

27 Cartina p34, A5

Magnifico piccolo club vicino al Lido con un bellissimo dehors che dà sull'oceano. Ogni sera si suona musica dal vivo e ci sono frequenti jam session. È uno dei locali che chiude più tardi nella zona degli alberghi e offre pure un ottimo menu per chi vuol cenare. (291 775 927; www.scatfunchalmusicclub.com; Promenade do Lido; 16-2)

Teatro Baltazar Dias

TEATRO

28 Cartina p34, E3

Il teatro più importante di Funchal (un tempo ce n'erano cinque!) è un elegante edificio di fine Ottocento, dove si svolgono concerti di musica classica, spettacoli di danza e teatro, ma anche festival cinematografici e altri eventi. (291 215 130; Avenida Manuel de Arriaga)

Shopping

Livraria Esperança

LIBRI

29 Cartina p34, F2

Occupa un intero palazzo la più grande libreria del Portogallo, che raccoglie oltre 107.000 titoli fra volumi nuovi e di seconda mano. La maggior parte dei libri è in portoghese, ma c'è anche un settore di testi in lingua straniera. È una miniera per chi cerca libri sulla storia, la natura e altri aspetti dell'isola. (www.livraria-esperanca.pt; Rua dos Ferreiros 119 e 156; 9-19 lun-ven)

Casa do Turista

SOUVENIR

30 Cartina p34, E3

Negozio o museo? Il più famoso negozio di souvenir di Funchal è un po' tutti e due. Per farsi un'idea di quel che produce la regione merita passare una mezz'oretta a girare in mezzo alle bellissime stoviglie da tavola, alle ceramiche, ai tessuti ricamati, ai vini e alle altre merci fabbricate a Madeira o in Portogallo. (Rua Conselheiro José Silvestre Ribeiro 2; 9.30-13 e 14.30-18.30 lun-ven, 9.30-13 sab)

Conoscere

Il boom del commercio al dettaglio

Nel corso degli ultimi quindici anni Funchal ha assistito a un incredibile boom del commercio al dettaglio, come testimoniano i grandi centri commerciali sorti in vari punti strategici della città.

È indubbio che questi scintillanti templi del consumismo offrono molti vantaggi per gli acquirenti, ma allo stesso tempo compromettono il futuro di molti esercizi a gestione familiare situati in centro, negozi che esistono da anni e rappresentano una vera delizia per il viaggiatore. Sostenere questi empori all'antica può aiutarli a sopravvivere a dispetto dell'assalto di catene e outlet, preservando così anche il fascino caratteristico del centro di Funchal.

Fabrica Santo Antonio
GASTRONOMIA

31 Cartina p34, G2

Un incantevole negozio d'altri tempi, con espositori, scaffali e banconi d'inizio Novecento che offrono il tradizionale assortimento di dolciumi di Madeira: *bolo de mel* (torta alla melassa), biscotti allo zucchero di canna e confetture artigianali. (Travessa do Forno 27-29; 9-19 lun-ven, fino alle 13 sab)

O Bordão
TEMPO LIBERO

32 Cartina p34, F3

Avete dovuto lasciare i vostri bastoncini da trekking agli agenti di sicurezza dell'aeroporto, avete perso la bussola o dimenticato gli scarponi da trekking per le levadas? O Bordão ('Il bastone') è l'unico negozio dell'isola specializzato in attrezzature per il tempo libero – l'offerta però non è molto ampia e i prezzi sono piuttosto elevati. (291 281 265; Galerias de São Lourenço, Loja 35, Avenida Arriaga 41-43; 9.30-19 lun-sab)

Vita in città

Saudade Madeira

Gli artigiani locali e i produttori di specialità alimentari pagano per poter esporre le proprie merci nel **Saudade Madeira** (cartina p34, G3; Rua João Gago 2; 10-19 lun-gio fino alle 24 ven, fino alle 3 sab), un negozio con caffè annesso, nel centro di Funchal. Sugli scaffali troverete un po' di tutto, dai quadri raffiguranti paesaggi di Madeira ad *azulejos* di produzione locale, dalle T-shirt souvenir alle opere d'arte create con legname portato a riva dalle correnti. Il caffè offre piatti tipici madeirensi e i proprietari organizzano laboratori nel piano interrato. Ogni venerdì propongono una serata jazz.

Dolce Vita
CENTRO COMMERCIALE

33 Cartina p34, E3

È a Funchal che si trova la più bella filiale di questa moderna catena di centri commerciali portoghese. Oltre ai negozi delle grandi marche, ha pure una farmacia, un grande supermercato, sportelli bancomat e concessionari di telefonia mobile. (www.dolcevita.pt; Rua Dr Brito Câmara 9; 9-22)

Fábrica Ribeiro Sêco
GASTRONOMIA

34 Cartina p34, A2

La Fábrica Ribeiro Sêco, a nord del centro città, ha riavviato alcune delle tecniche tradizionali di lavorazione dello zucchero che resero prospera Madeira. La fabbrica, situata a nord del centro, vende la famosa melassa, il *bolo de mel*, biscotti allo zucchero di canna e libri di ricette. (www.fabricaribeiroseco.com; Rua das Maravilhas 170; 9-13 e 14-18 lun-ven)

Una sala della Casa do Turista (p45)

Madeira Shopping

CENTRO COMMERCIALE

35 Cartina p34, A2

Il più grande centro commerciale di Madeira domina il centro città dall'alto del quartiere di Santo António. (www.madeirashopping.pt; Caminho de Santa Quitéria 45; 8.30-24; 8A)

Artecouro

ACCESSORI

36 Cartina p34, F3

Piccolo emporio che vende articoli in cuoio, tra cui cinture, borsette, cartelle portadocumenti e portafogli, fabbricati a Funchal con pregiati pellami portoghesi. (Rua da Alfândega 15; 10-13.20 e 15-19 lun-ven, 10-13.20 sab)

Mercearia Dona Mécia

SOUVENIR

37 Cartina p34, E3

Simpatico negozietto che offre una selezione dei migliori souvenir e generi alimentari prodotti sull'isola, ma anche specialità gastronomiche portoghesi e di altre nazioni. (www.donamecia.blogspot.pt; Rua dos Aranhas 30; 10-19 lun-ven, fino alle 18 sab)

Scoprire

Funchal est

Funchal est coincide essenzialmente con la Zona Velha, un vecchio quartiere di pescatori che fino a poco tempo fa era in stato di degrado e prossimo all'abbandono. In seguito alla recente riqualificazione è rinato come quartiere alla moda con bei negozi, gallerie, bar e ristoranti, il posto ideale per trascorrere la serata in città. Il luogo di maggior richiamo della Zona Velha è il Mercado dos Lavradores.

In un giorno

In questa parte di Funchal la mattina va trascorsa al **Mercado dos Lavradores** (p52) dove ad attirare lo sguardo sono i pescivendoli in piena attività, intenti a maneggiare coltelli per sventrare e pulire tonni e pesci sciabola neri. Una volta esaurita la curiosità al mercato del pesce, spostatevi al vicino **Armazém do Mercado** (p64), dove una serie di negozi temporanei offrono interessanti idee per souvenir.

Gli autobus n. 30 e 31A partono nei pressi della Casa da Luz per lo splendido **giardino botanico** (p54) di Funchal, una delle grandi meraviglie di Madeira. Al ritorno potete prendere lo stesso autobus dell'andata oppure la funivia per il quartiere di **Monte** (p68) e poi un'altra funivia per la Zona Velha.

Il quartiere più animato della città dopo il tramonto è indubbiamente la **Zona Velha** (p50): lungo Rua de Santa Maria e dintorni la vita pulsa fino alle prime ore del mattino fra innumerevoli bar e ristoranti, uno più invitante dell'altro. La **Venda da Donna Maria** (p61) è un locale consigliato per la squisita cucina madeirense; il **Santa Maria Gin Bar** (p62) è un ritrovo alla moda, di apertura recente, dove fermarsi a bere qualcosa dopo cena, sempre che non si voglia rientrare in albergo passando da un bar all'altro.

Da non perdere

Zona Velha (p50)

Mercado dos Lavradores (p52)

Jardim Botânico da Madeira (p54)

Il meglio

Pasti

Gavião Novo (p59)

Oficina (p60)

Hamburgueria do Mercado (p60)

Venda da Donna Maria (p61)

Locali

Barreirinha Cafe (p62)

Santa Maria Gin Bar (p62)

Shopping

Mercado dos Lavradores (p52)

Madeira Lovers (p66)

Armazém do Mercado (p64)

Patrício & Gouveia (p64)

Bordal (p67)

Trasporti

Autobus Gli autobus n. 01, 02 e 04 passano nella zona degli alberghi e fermano vicino alla Casa da Luz, sul lungomare, nella Zona Velha. Molti altri autobus provenienti da varie zone della città passano per la parte est di Funchal.

Da non perdere
Zona Velha

Stretta fra il Mercado dos Lavradores e la Fortaleza de Santiago, la 'zona vecchia' di Funchal è ormai diventata quartiere di tendenza e fulcro della vita notturna di Funchal. Là dove fino a pochi anni fa c'erano case di pescatori ormai fatiscenti e palazzi ottocenteschi in stato di abbandono, oggi s'incontrano nuovi bar, ristoranti e ostelli originali, ricavati all'interno di begli edifici restaurati, lungo belle vie scandite da archi in basalto, minuscole cappelle e angoli suggestivi.

Cartina p56, C3

Rua de Santa Maria e Rua Dom Carlos I

Capela do Corpo Santo, Zona Velha

In primo piano

Rua de Santa Maria

La lunga via acciottolata che attraversa l'intera Zona Velha è larga solo pochi metri, ma è una tra le più animate di Funchal. Trattandosi di una via pedonale, è piena di tavoli e sedie dei migliori ristoranti di Funchal, frequentati da turisti e gente del posto. La sera la folla si riversa in strada dai minuscoli bar, con in mano una *poncha* (distillato di canna da zucchero con miele e succo di limone) o una caipirinha. Rua de Santa Maria è ricca di storia, dalla piccola **Capela da Boa Viagem** del XVII secolo, all'angolo con Rua de Boa Viagem, agli antichi palazzi dei mercanti, le cui cantine che odorano di muffa un tempo fungevano da magazzino per le merci coinvolte nel commercio atlantico. Le stesse cantine diventano oggi spazi espositivi in occasione dell'Open Doors Arts Project (p67).

Largo do Corpo Santo

Verso l'estremità orientale Rua de Santa Maria si allarga a formare il grazioso Largo do Corpo Santo, dove, in mezzo a una sfilza di ristoranti più o meno turistici, spicca la **Capela do Corpo Santo**, antica chiesetta dei pescatori, che dell'edificio originale conserva solo il portale (XV secolo). Nelle vicinanze si trova anche l'unico tratto conservato delle antiche mura di Funchal (XVI secolo).

Lungomare

La stazione del **teleférico** (funivia; p68) che sorvola i tetti rossi della Zona Velha è il moderno edificio in vetro e acciaio che spicca sul lungomare. All'estremità opposta si trova il **Jardim do Almirante Reis**, ex campo di calcio (di qui la statua del calciatore) e oggi spazio verde frequentato da turisti e gente del posto.

☑ Consigli

- Conviene esplorare la Zona Velha dopo il tramonto, quando tutti i bar sono aperti.
- La funivia che parte da Monte raggiunge la Zona Velha.
- Il Jardim do Almirante Reis è un posto ideale per un picnic.

Una pausa

Madeira Tradicional (p66) è un locale interessante dove fermarsi per un caffè e uno spuntino, o anche per acquistare qualche simpatico souvenir. Chi volesse mangiare qualcosa di più sostanzioso troverà una cucina madeirense buona e genuina al ristorante Venda da Donna Maria (p61).

Da non perdere
Mercado dos Lavradores

Vivace mosaico di colori esotici e inebrianti profumi atlantici, il mercato generale di Funchal è una delle principali attrattive della città. La struttura art déco, costruita nel 1940 su disegno dell'architetto Edmundo Tavares, conserva quasi tutti gli elementi dell'edificio originale, compresi i pregevoli *azulejos* provenienti dal Portogallo. Lungi dal diventare una stereotipata meta per turisti, il Mercado continua a essere il perno degli scambi commerciali cittadini, frequentato com'è dalla gente del posto che dalla mattina al tardo pomeriggio viene qui a fare la spesa.

Cartina p56, B3

Largo dos Lavradores

8-19 lun-gio, 7-20 ven, 7-14 sab

Banco di frutta, Mercado dos Lavradores

In primo piano

Fiori

L'incredibile profusione di colori inizia fin dalla soglia del mercato, dove donne in abiti tradizionali vendono fiori esotici, arbusti, bulbi e semi di ogni sorta. La stupenda strelizia *(estrelícia)*, il fiore simbolo di Madeira, fiorisce in inverno, stagione in cui è possibile acquistarla come fiore da taglio. Durante tutto l'anno, comunque, si può vedere un vasto assortimento di bizzarri e meravigliosi trifidi, nonché una scelta delle famose orchidee dell'isola.

Frutta

La maggior parte dei visitatori è attratta soprattutto dalle bancarelle di frutta disposte attorno al patio centrale. Per ogni frutto che riconoscerete ne troverete un altro che non avete mai visto prima. A Madeira crescono, per esempio, l'*anona*, il *banana ananaz* (*Monstera deliciosa*), il *tomate inglês* (tamarillo) e la papaya, oltre naturalmente all'uva e alle famose minibanane, per cui l'isola è nota. Dal Brasile arrivano ottimi mango maturi e dal Portogallo le arance dolci. I prezzi sono per lo più simili a quelli dei supermercati locali.

Pesce

Attraversate il mercato della frutta e salite le scale per avere una visione complessiva del principale mercato del pesce di Funchal. Gli occhi sono attratti soprattutto dal *peixe espada* (pesce sciabola nero), lungo pesce nero, simile a un'anguilla, dai grandi occhi velati e una bocca che rivela due file di denti affilatissimi. Pescato di notte nelle profondità dell'Atlantico, è alla base dell'alimentazione locale. A catturare lo sguardo sono anche i grossi tranci di tonno e l'abilità con cui i pescivendoli maneggiano il coltello.

Consigli

- Se v'interessa il mercato del pesce, dovete venire la mattina presto: entro l'ora di pranzo è tutto venduto.
- Alcuni commercianti del piano superiore hanno modi un po' insistenti, ma di norma sanno accettare un 'no' fermo come risposta.
- I souvenir qui sono tendenzialmente costosi, poiché al mercato arrivano le comitive delle navi da crociera con poco tempo a disposizione.
- A destra dell'ingresso principale c'è un chiosco a forma di triangolo (come le case di Santana) che vende scarpe tradizionali fatte a mano.

Una pausa

Sul tetto dell'edificio c'è **Macaronésia** (stesso orario del mercato), caffè che serve bevande e spuntini. In alternativa, ci sono vari bar e caffè economici intorno al Mercado dos Lavradores – il migliore è Pau de Canela (p62).

Da non perdere
Jardim Botânico da Madeira

Il più importante giardino botanico di Madeira vanta la più grande collezione di piante esotiche d'Europa. Creato negli anni '50, si estende su una superficie di 80.000 mq, a un'altezza che va da 150 m a 300 m sopra il livello del mare. A differenza di altri orti botanici, di norma frequentati solo da botanici o scolaresche annoiate, brulica di turisti che ne percorrono i sentieri in preda a meraviglia e stupore. Paradiso verde con pochi uguali, è una delle mete turistiche più importanti dell'isola.

Cartina p56, C1

www.sra.pt/jarbot/

Caminho do Meio

ingresso €5,50

9-18

31/31A

Giardino topiario, Jardim Botânico da Madeira

In primo piano

Flora favolosa

È difficile stabilire da dove iniziare quando c'è così tanto da vedere. Tra le piante più interessanti figurano senz'altro le varie specie autoctone ed endemiche dell'isola, le cactacee e in generale le succulente, il giardino topiario, la zona dedicata alle piante medicinali e aromatiche, il palmeto e il variopinto giardino formale degli arbusti, uno tra i più fotografati di Madeira. Da vedere assolutamente sono gli esemplari di *estrelícia* (strelizia), pianta che fiorisce in inverno, i fichi d'India dalle grandi foglie taglienti, l'endemica *Musschia aurea* dai fiori simili a trifidi e il *Geranium maderense* che esplode come un fuoco d'artificio di infiorescenze viola.

Louro Parque

Con lo stesso biglietto d'ingresso è possibile visitare il vicino aviario situato all'estremità meridionale del giardino. Qui voliere spaziose ospitano pappagalli, parrocchetti, cacatua, pappagallini ondulati, canarini e specie canore, una moltitudine di uccelli variopinti che provengono da ogni angolo del pianeta, ma soprattutto dal Sud America. Una colossale tartaruga che sembra molto anziana occupa il laghetto artificiale circondato da voliere.

Angoli nascosti

Il giardino possiede molti angoli nascosti che vale la pena di cercare. La Furna dos Namorados (Grotta degli innamorati) è orlata di felci e ha un tavolo con sedie fatti di ciottoli vulcanici. Il *miradouro* (belvedere) offre una splendida vista - tuttavia, proprio in questo punto, si vede la Via Rápida (strada costiera) entrare nel tunnel sotto il giardino, cosa che guasta un po' il panorama. In un altro angolo si scopre una casa triangolare come quelle di Santana.

☑ Consigli

- Tutte le piante sono corredate di etichetta che riporta nome scientifico, nome comune, famiglia e paese d'origine.
- È proibito dar da mangiare agli uccelli nel Louro Parque.
- Le cartine sono collocate in punti strategici e le spiegazioni sono scritte anche in inglese.
- Per raggiungere il giardino prendete l'autobus n. 31/31A o la **funivia** (www.telefericojardimbotanico.com, sola andata/andata e ritorno €8,25/12,75) da Monte.

Una pausa

L'unico posto dove poter fare una sosta all'interno del giardino è lo **snack bar** (Jardins Botânico da Madeira; spuntini €2-4; 9-17) che si trova lungo il lato nord-occidentale. È costoso rispetto agli standard di Madeira, ma ha bei tavoli esposti al sole e una vista stupenda.

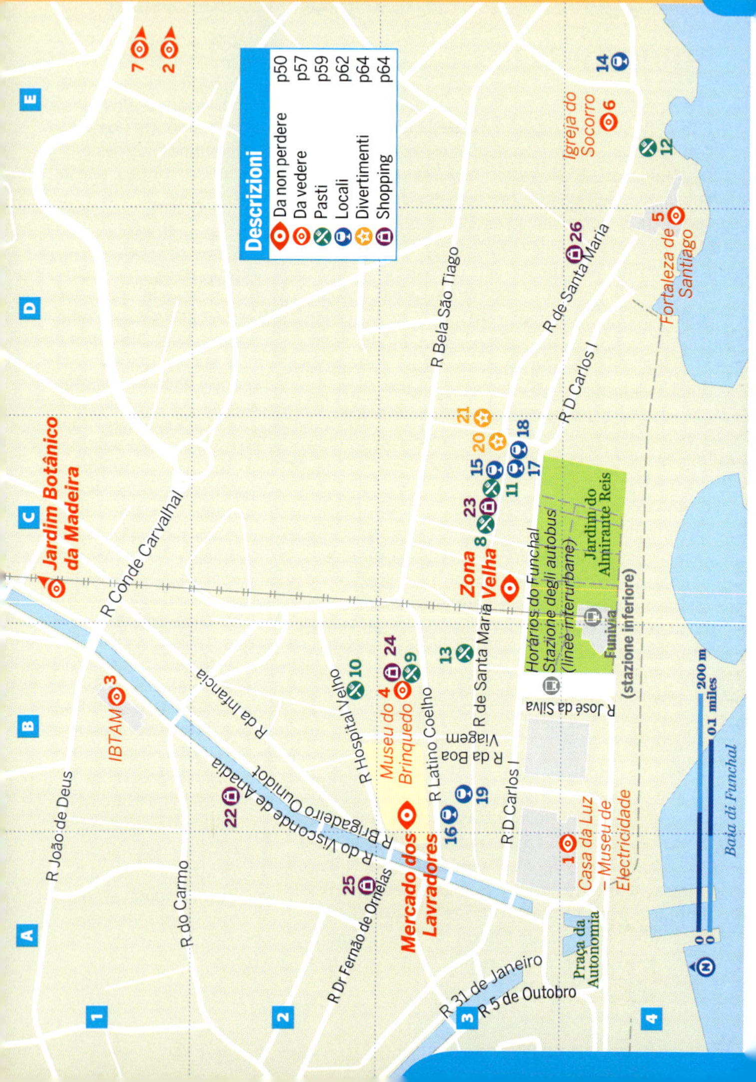

Descrizioni
Da non perdere p50
Da vedere p57
Pasti p59
Locali p62
Divertimenti p64
Shopping p64
A
B
C
D
E
1
2
3
4
Jardim Botânico da Madeira
7
2
IBTAM 3
R João de Deus
R do Carmo
R Conde Carvalhal
R da Infancia
R do Visconde de Anadia
R Brigadeiro Oudinot
R Dr Fernão de Ornelas
25
22
Mercado dos Lavradores
Museu do Brinquedo 4
24
9
10
R Hospital Velho
R Latino Coelho
R da Boa Viagem
16
19
13
R de Santa Maria
Zona Velha
8
23
15
11
17
18
20
21
R D Carlos I
R José da Silva
Horários do Funchal Stazione degli autobus (linee interurbane)
Funivia (stazione inferiore)
Jardim do Almirante Reis
R Bela São Tiago
R de Santa Maria
26
R D Carlos I
Igreja do Socorro 6
14
12
Fortaleza de Santiago 5
1 Casa da Luz – Museu de Electricidade
Praça da Autonomia
R 31 de Janeiro
R 5 de Outubro
Baía di Funchal
0 200 m
0 0.1 miles

MERTEN SNIJDERS/GETTY IMAGES ©

Bagnanti sulla piattaforma vicino al Barreirinha Cafe (p62)

Da vedere

Casa da Luz – Museu de Electricidade MUSEO

1 Cartina p56, A4

Dismessa nel 1989, la vecchia centrale elettrica di Funchal, tuttora sede degli uffici dell'EEM (Empresa de Electricidade da Madeira), è stata trasformata in un museo dedicato alla storia dell'elettricità in generale e, in particolare, della produzione di elettricità sull'isola. Nell'enorme sala al piano terra sono visibili i vecchi generatori diesel, mentre, visitando la mostra al primo piano, ci si può divertire a esplorare le varie postazioni interattive. (www.museucasadaluz.com; Rua Casa da Luz 2; interi/bambini €2,70/gratuito; 10-12.30 e 14-18 mar-sab)

Jardins do Palheiro GIARDINI

2 Cartina p56, E1

Nelle colline a est di Funchal, circa 500 m sopra il livello del mare, si trovano questi bellissimi giardini subtropicali, dove si possono ammirare migliaia di piante comuni e specie insolite distribuite fra zone formali e aree 'selvagge'. Esplorateli in lungo e in largo e poi ritempratevi con una sosta nella sala da tè. (www.palheirogardens.com; Caminho da Quinta do Palheiro 32; interi/bambini €10,50/gratuito; 9-17.30)

Conoscere

Francisco Franco

L'artista più famoso originario di Funchal è stato lo scultore Francisco Franco (1885-1955). Durante i primi anni Dieci lasciò l'isola per andare a studiare a Parigi, dove fu notevolmente influenzato dall'opera di Rodin, Bourdelle e Maillol. Nel 1914 ritornò a Funchal e riprese a lavorare imprimendo alle sue sculture un taglio più espressionista. Vicino al municipio di Funchal oggi è collocato *O semeador (Il seminatore)*, mentre all'incrocio fra Avenida Zarco e Avenida Arriaga campeggia la statua di *João Gonçalves Zarco* (1928), una delle sue opere più famose. Altre sculture sono visibili nel piccolo **Museu Henrique e Francisco Franco** (cartina p56, A1; Rua João de Deus 13; ingresso €4; 9.30-18.30 mar-ven), che espone anche quadri del fratello pittore.

IBTAM

MUSEO

3 Cartina p56, B1

L'IBTAM è l'istituto che tutela la produzione di ricami, arazzi e artigianato di Madeira – il marchio garantisce l'autenticità dell'articolo e la sua provenienza locale. Il museo allestito presso la sede dell'istituto illustra vari aspetti del ricamo tradizionale, esponendo vari tessuti lavorati in sale che ricostruiscono ambienti ottocenteschi. Un video al termine della mostra descrive le industrie artigianali dell'isola e il ruolo svolto dall'IBTAM. (Rua Visconde de Anadia 44; ingresso €2,50; 9.30-12.30 e 14-17.30 lun-ven)

Museu do Brinquedo

MUSEO

4 Cartina p56, B3

Il Museo del Giocattolo occupa sette sale dell'Armazém do Mercado ed è costituito essenzialmente dai 20.000 pezzi della collezione privata di un certo José Manuel Borges Pereira. Più che ai figli piacerà ai genitori, che qui esclameranno più volte "Io ce l'avevo uno di quelli!". Troverete soprattutto giocattoli anni '70 che spaziano dai modellini auto Corgi e Dinky Toys ai pupazzi di Action Man e Star Wars. (2° piano, Armazém do Mercado, Rua Hospital Velho 28; interi/bambini €5/3; 10-18)

Fortaleza de Santiago

FORTEZZA

5 Cartina p56, D4

La fortezza color ocra e rosa scuro che domina il lungomare della Zona Velha fu costruita nella prima metà del XVII secolo, quando Funchal era esposta agli attacchi dei pirati. Il museo d'arte al suo interno non è di grande interesse, ma è piacevole esplorare le varie sale, le torri e i bastioni scoprendo gli angoli più fotogenici. (Rua de Santa Maria; museo €2, fortezza ingresso libero; museo 10-12.30 e 14-17.30 lun-sab, fortezza 10-23)

Fortaleza de Santiago

Igreja do Socorro

CHIESA

6 Cartina p56, E4

La bella chiesa barocca che guarda dall'alto l'Atlantico all'estremità orientale della Zona Velha è una ricostruzione del 1750 – l'edificio originale fu distrutto da un terremoto nel 1748. Un po' discosta dai percorsi più turistici, vanta splendidi *azulejos* e un soffitto dipinto suggestivamente offuscato da secoli di fumo di candele. (Largo do Socorro; 8.30-18)

Quinta da Boa Vista

GIARDINI

7 Cartina p56, E1

Fondata dall'ex console onorario britannico Cecil Garton, questo giardino è il luogo migliore per ammirare le magnifiche orchidee di Madeira. Le serre con le orchidee sono un tripudio di *Cattleya*, *Cymbidium* e *Paphiopedilum*, ma il resto del giardino avrebbe bisogno di una bella ripulita. (Rua Lombo da Boa Vista; interi/bambini €4,50/libero; 9-17.30 lun-sab)

Pasti

Gavião Novo

CUCINA DI MARE **€€**

8 Cartina p56, C3

Il miglior pesce di Madeira si mangia in un intimo ristorante della Zona Velha, frequentato da turisti, gente del posto e vip portoghesi, tutti accomunati dal desiderio di regalarsi una cena memorabile sull'isola. Tutto il pesce è pescato in acque locali e gli

Il consiglio
Menu tradotti

Dobbiamo ancora trovare un ristorante a Madeira sprovvisto di menu in inglese o in tedesco, francese e/o spagnolo, tuttavia le traduzioni a volte sono un po' imprecise o, talora, fantasiose ed esilaranti. Sappiate però che sono pochissimi i camerieri che non parlano l'inglese, anche nei luoghi più remoti.

altri ingredienti provengono dalla tenuta del proprietario del ristorante che si trova nel nord dell'isola. (www.gaviaonovo.pt; Rua Santa Maria 131; portate principali €8-16; ⌚12-23)

Hamburgueria do Mercado
HAMBURGER €

9 Cartina p56, B3

Hamburger giganti da gourmet sono la specialità di questo locale nel complesso Armazém do Mercado. La sala è in legno grezzo e cemento, i grandi hamburger di manzo sono arricchiti con cinque formaggi diversi, la birra è locale (Coral) e il conto economico. Un pasto onesto, economico e in grado di saziare, con un piacevole sottofondo musicale. (Armazém do Mercado, Rua Latino Coelho 41; hamburger €3-8,50; ⌚12-24)

Oficina
INTERNAZIONALE €

10 Cartina p56, B2

Nuovo caffè-bar all'ingresso dell'Armazém do Mercado, un locale alla moda, in stile minimalista, dove è possibile – caso raro a Madeira – mangiare un hamburger vegetariano. Il menu offre anche hotdog, zuppe, torte fatte in casa (letteralmente) e ottime birre belghe. Sono previste serate DJ e band locali che suonano dal vivo. (Armazém do Mercado, Rua Hospital Velho 28; portate principali €3-5; ⌚9.30-20 lun-gio e sab, fino alle 24 ven, fino alle 18 dom)

Santa Maria
INTERNAZIONALE €€

11 Cartina p56, C3

Eleganza e arredi minimalisti connotano l'ambiente del Santa Maria, il ristorante del miglior ostello di Funchal. La cucina propone aragosta, hamburger di pesce, patelle locali e sushi serviti in piatti quadrati. Il bancone è fatto di scatole di sardine impilate, il personale è efficiente e il cortile sul retro è un'oasi di pace quando Rua de Santa Maria diventa chiassosa. (www.santamariafunchal.com; Rua de Santa Maria 145; portate principali €8-18,50; ⌚11-24)

Riso
INTERNAZIONALE €€

12 Cartina p56, E4

Il menu del ristorante a ridosso della Fortaleza de Santiago invita a un giro del mondo attraverso il riso, presente in ogni piatto (anche nei dessert) in varietà diverse – basmati, thailandese, arborio, selvaggio o venere. La terrazza offre una strepitosa vista sull'Atlantico: si resta volentieri seduti più a lungo del previsto. (www.

Una via di Funchal

riso-fx.com; Rua de Santa Maria; portate principali €13-21; ⌚12.30-14.30 e 19-22.30 mar-dom)

Tasca Literária

MADEIRENSE **€€**

13 Cartina p56, B3

Ristorante dall'atmosfera piacevole, con interni rosso sangue e grigio basalto tappezzati di fotografie in bianco e nero che ritraggono madeirensi famosi: un bel posto per trascorrere una serata nella Zona Velha. Si mangiano porzioni generose di *espada* (pesce sciabola nero), tonno, coniglio, capra o agnello e il vino scorre a volontà. Si consiglia di prenotare per il venerdì e il sabato sera. (☎291 220 348; Rua de Santa Maria; portate principali €11-21; ⌚10-24)

Vita in città

Venda da Donna Maria

Uno tra i migliori ristoranti dove assaggiare la cucina madeirense è il **Venda da Donna Maria** (cartina p56, B3; ☎291 621 225; Rua de Santa Maria 51; portate principali €12-20; ⌚11-23, fino alle 24 ven e sab), un invitante locale della Zona Velha, molto frequentato, dove si preparano le ricette che ogni *avozinha* (nonna) di Funchal ben conosce. Il menu contempla *espada* (pesce sciabola nero) con banane, merluzzo alla São Martinho e molti altri piatti tipici di Madeira.

Locali

Barreirinha Cafe

BAR

14 Cartina p56, E4

Caffè-bar all'aperto, situato sopra il *complexo balnear* all'estremità orientale della Zona Velha. Offre spuntini e bevande, con il rumore delle onde in sottofondo. Nel weekend la presenza di DJ attira un pubblico molto eterogeneo. (Largo do Socorro 1; 8-24 dom-gio, 8-2 ven e sab)

Santa Maria Gin Bar

BAR

15 Cartina p56, C3

Simpatico bar aperto di recente nella Zona Velha, nell'ostello omonimo, dove potrete scegliere fra 35 tipi di rum da sorseggiare sprofondati in poltrona ascoltando musica jazz e gustando tapas. I clienti abituali tengono la propria bottiglia di gin in un armadietto di cui possiedono la chiave e al quale attingono ogni volta che lo desiderano. (Rua de Santa Maria 149-151; 18-fino a tardi)

Conoscere
Caffè

Ogni popolo amante del caffè ha la sua terminologia per orientarsi al bar. Una *bica* a Madeira è un espresso; il caffellatte con 50% di caffè e 50% di latte è un *garoto*, mentre quando c'è più latte si chiama *chinesa*; un *carioca* è un espresso lungo. Un *galão* è un espresso con latte caldo in un bicchiere alto. Chi non beve caffè sarà forse felice di ordinare un *chá* (tè).

Pau de Canela

CAFFÈ

16 Cartina p56, B3

Caffè con panetteria, come si usava una volta, vicino al Mercado, di norma frequentato da famiglie operaie di Funchal, da chi lavora al mercato e da gente stramba. Dal forno escono torte, pasticcini, pizze e pane – i sandwich sono preparati sul momento. Si paga alla cassa, quindi non perdete il biglietto del vostro ordine. I prezzi sono economici – nulla costa più di €2. (Rua Latino Coelho 10; spuntini €0,50-2; 7-20 lun-ven, fino alle 13 sab)

Mercearia da Poncha

BAR

17 Cartina p56, C3

Piccolo bar della Zona Velha specializzato in *poncha* (bevanda a base di acquavite di zucchero di canna, zucchero, succo di limone e acqua). L'atmosfera in Rua de Santa Maria è sempre vivace fino alle ore piccole. (Rua de Santa Maria 154; 17-2 mar-dom)

Venda Velha

BAR

18 Cartina p56, C3

Bar-ristorante in cui si tenta di ricreare l'ambiente degli empori d'inizio Novecento, che allora fungevano da luoghi

Conoscere

La storia in pillole

Recenti studi hanno dimostrato che Madeira, isola di origine vulcanica, è emersa dalle acque dell'Atlantico come ammasso di roccia lavica solo sette milioni di anni fa. L'isola non fu mai abitata da 'nativi': millennio dopo millennio ha trascorso gran parte della sua giovane vita del tutto ignara dell'esistenza della razza umana.

Chi fu dunque a mettere piede per primo a Madeira? Secondo i libri di storia portoghese l'onore spetterebbe al capitano João Gonçalves Zarco, che approdò sull'isola nel 1419 e tornò a esplorarla nel 1420, inviato dal principe Enrico il Navigatore. Tuttavia, l'arcipelago di Madeira compare sull'Atlante Mediceo del 1351 e doveva essere noto già ai romani – Plinio il Vecchio menziona le isole nella sua *Naturalis historia*.

Il capitano Zarco e il suo equipaggio, in ogni caso, furono i primi a colonizzare Madeira e Porto Santo. Zarco divenne governatore di metà isola (l'altra metà fu sottoposta all'autorità di un altro esploratore portoghese, Tristão Vaz Teixeira) e fondò Funchal, città che ben presto si sostituì a Machico come capoluogo dell'isola.

Con l'arrivo di nuovi coloni dall'Europa, nella zona di Funchal fu avviata la coltivazione di grano, che, di lì a poco, fu soppiantato dalla più redditizia canna da zucchero. Poiché il clima sempre mite faceva prosperare l'uva, il vino di Madeira divenne uno dei principali prodotti d'esportazione. A favorirne il commercio fu l'occupazione inglese dell'isola durante le guerre napoleoniche: per la società vittoriana questo vino divenne una bevanda di lusso e ai mercanti inglesi furono offerte concessioni speciali.

Tra la fine del XIX e l'inizio del XX secolo arrivarono a Madeira i primi turisti, ricchi viaggiatori che si limitavano a visitare la costa dell'isola, dove le condizioni di vita erano in netto contrasto con l'entroterra afflitto dalla fame.

Madeira sopravvisse praticamente indenne alle due guerre mondiali e, a partire dal 1974, in seguito alla Rivoluzione dei Garofani, il governo portoghese concesse all'isola un'ampia autonomia, un'assemblea legislativa e un presidente del governo regionale. Con la costruzione dell'aeroporto negli anni '60, il turismo divenne il pilastro dell'economia e continua a esserlo ancora oggi. Il nuovo millennio ha visto la realizzazione di alcune grandi infrastrutture, come l'autostrada costiera (Via Rápida), che hanno migliorato di molto la vita sull'isola.

di ritrovo per gli abitanti dell'isola. Preparano un'ottima *poncha* madeirense, bevanda ben più alcolica di quanto pensino molti turisti – ne avrete conferma se ci capitate dopo la mezzanotte. (www.vendavelha.com; Rua de Santa Maria 170; ⏲12-4)

23 Vintage Bar

CLUB

19 Cartina p56, B3

Piccolo e irresistibile club-bar della Zona Velha che nel weekend prende vita celebrando la musica dagli anni '60 agli anni '90. Il venerdì la serata è sempre un tributo nostalgico a una band o a un artista di fama, come i Modern Talking, Kylie Minogue, Lenny Kravitz o gli U2; il sabato di solito c'è la serata jukebox. (Rua de Santa Maria 27; ⏲20-2 ven e sab)

Vita in città

Armazém do Mercado

Restaurato con gran gusto da Paulo David, l'architetto che ha progettato la Casa das Mudas a Calheta, l'**Armazém do Mercado** (cartina p56, B3; www.armazemdomercado.com; fra Rua Hospital Velho 28 e Rua Latino Coelho 39; ⏲10-20 lun-sab, fino alle 18 dom) è una vecchia fabbrica di ricami trasformata in uno spazio urbano per il commercio e l'artigianato locale. Ospita anche il Museu do Brinquedo (p58) e un paio di ristorantini. Ogni sabato mattina vi si tiene un mercato di frutta e verdura biologica.

Divertimenti

Arsenio's

MUSICA LIVE

20 Cartina p56, C3

L'aroma della griglia a carbone che si propaga lungo Rua de Santa Maria induce molti passanti a entrare da Arsenio's. La sala da pranzo all'antica è ricca di atmosfera, con pavimento in basalto, travi d'epoca e sedie rivestite in cuoio. Ogni sera dalle 19 alle 23 si cena ascoltando il fado – è il miglior locale di Madeira per ascoltarlo. Se volete un buon tavolo, vi conviene prenotare. (☎291 224 007; Rua de Santa Maria 169; ⏲12-fino a tardi)

Sabor e Fado

MUSICA LIVE

21 Cartina p56, C3

Ristorante intimo e carino, anche se meno rinomato di altri locali che offrono la possibilità di cenare ascoltando il fado. Il menu privilegia soprattutto la carne; la musica dal vivo inizia alle 19 e spesso si esibiscono anche gli stessi camerieri. (Travessa das Torres 10; ⏲18-1 gio-mar)

Shopping

Patrício & Gouveia

SOUVENIR

22 Cartina p56, B2

Il più elegante negozio di souvenir di Funchal non ha nulla a che vedere con le rivendite di calamite da frigo e T-shirt cinesi che si trovano nella zona degli alberghi. Patrício & Gouveia è un'istituzione di vecchia data,

Conoscere

Tradizioni e cultura popolare

Le tradizioni e la cultura popolare di Madeira sono un mondo tutto da scoprire che al viaggiatore riserva piacevoli sorprese in qualunque periodo dell'anno. Oltre alle feste e alle sagre previste ogni settimana dal calendario, si può partecipare tutto l'anno, in varie zone dell'isola, a dimostrazioni di ricamo, sagre gastronomiche, danze folkloristiche per le vie di Funchal e a degustazioni nelle aziende vinicole.

Recentemente è aumentato il numero di alberghi e ristoranti che ospitano spettacoli di danze folkloristiche. Per l'occasione i ballerini di solito indossano il costume tradizionale madeirense (pantaloni alla zuava, camicia bianca e stivaletti bassi in pelle di capra per gli uomini; gonna a strisce multicolori e camicetta bianca per le donne). Gli uni e le altre portano un buffo copricapo nero a punta chiamato *carapuca*. I canti prevedono l'accompagnamento strumentale di un *rajão* o *braguinha* (una sorta di mandolino), un tamburo, nacchere e un *raspadeiro* (un specie di bastone dentellato). A volte i musicisti battono ritmicamente il suolo con un *brinquinho* – un bastone pieno di pupazzetti e sonagli tintinnanti.

La musica e le danze rallegrano anche le numerose sagre gastronomiche che si tengono in varie località dell'isola, tra cui Curral das Freiras (castagne), Faial (anona), Jardim da Serra (ciliegie), Madalena do Mar (banane), Câmara de Lobos (pesce sciabola nero), Funchal (vino), Porto da Cruz (uva), Ponta do Pargo (mele), Santo da Serra (sidro), Ponta do Sol (zucchero di canna), Santana (limoni) e Caniço (cipolle). Sono vivaci feste di paese con le quali la popolazione locale celebra i prodotti migliori che crescono sul fertile suolo vulcanico di Madeira o vengono pescati dalle acque generose dell'Atlantico.

L'artigianato tradizionale produce soprattutto vimini e ricami, ma esistono anche altre industrie su scala minore. Di recente è decollata, per esempio, la fabbricazione di gioielli: gli articoli si trovano in vendita presso le bancarelle nell'Armazém do Mercado e da Saudade Madeira (p46). Abili intagliatori creano inoltre elaborati oggetti in osso di balena – li vedrete in piccole bancarelle sul lungomare di Caniçal (non temete: tutta la materia prima proviene dall'ormai cessata industria baleniera madeirense). Sull'isola è fiorente anche la produzione delle piastrelle artigianali, spesso decorate con motivi arabeggianti.

Arte di strada nella Zona Velha

un negozio che, oltre alle specialità gastronomiche di Madeira, vende il più bell'artigianato dell'isola, a partire dagli splendidi tessuti ricamati prodotti dalla fabbrica omonima. (☎291 222 723; www.patriciogouveia.pt; Rua Visconde de Anadia 34; ⏲9-13 e 15-18.30 lun-ven, 9.30-12 sab)

Madeira Tradicional ALIMENTARI

23 Cartina p56, C3

Fantastico negozietto con caffè-bar che vende esclusivamente prodotti madeirensi/portoghesi come olio d'oliva, saponi, *poncha*, *bolo de mel*, biscotti allo zucchero di canna, souvenir alla moda, vini da tavola madeirensi, gioielli di fabbricazione locale e molto altro ancora. Venerdì e sabato il minuscolo caffè diventa uno dei locali della Zona Velha dove si può bere fino a tardi. (www.madeiratradicional.pt; Rua de Santa Maria 141; ⏲10.30-19 lun-gio, fino alle 2 ven e sab)

Madeira Lovers SOUVENIR

24 Cartina p56, B3

Madeira Lovers è un marchio nuovo che si propone come antidoto ai souvenir spesso antiquati o kitsch che si trovano in molti negozi dell'isola. Propone oggetti originali e moderni, belli da portare a casa come ricordo o come regalo. Al posto di un delfino di plastica o un cappello di paglia uguale a quello dei *carreiros*, i conducenti delle slitte di vimini, potrete acquistare T-shirt alla moda, taccuini con

Conoscere

La Zona Velha apre le porte all'arte

Passeggiando per la Zona Velha non si può fare a meno di notare le bellissime porte vivacemente dipinte o decorate. Quella di ravvivare le porte e i portoni piuttosto fatiscenti è un'idea dell'artista spagnolo José Maria Zyberchema che nel 2011 ha avviato il **Projecto Arte Portas Abertas** (www.arteportasabertas.com), incoraggiando artisti e creativi locali a intervenire con opere d'arte pubblica un po' in tutta la Zona Velha. Al progetto viene attribuito il merito di aver contribuito in maniera determinante alla rinascita e al rilancio di un quartiere molto degradato. Oggi infatti la Zona Velha è diventata il fulcro della vita notturna di Funchal. L'artista spera che l'idea si diffonda anche in altre comunità dell'isola – si può già vedere qualche opera d'arte sulle vecchie porte di Machico.

immagini di Madeira o cartoline di graffiti, gioielli, CD di musica locale e molte altre cose. (www.madeiralovers.com; Armazém do Mercado, Rua Hospital Velho 28; ⏲10-19, fino alle 18 dom)

Bordal

ARTIGIANATO

25 Cartina p56, A2

Bordal è la fabbrica di ricami più prestigiosa di Madeira: il marchio (un ologramma) garantisce che il prodotto acquistato è stato confezionato sull'isola. Il suo negozio è specializzato in biancheria da tavola e da letto finemente ricamata e la fabbrica (al piano superiore) è aperta al pubblico con ingresso gratuito. Le ricamatrici vengono qui tutti i giorni per consegnare i ricami finiti e ritirarne altri da completare a casa. (www.bordal.pt; Rua Dr Fernão Ornelas 77; ⏲negozio 9-13 e 14-19 lun-ven, 9-13 sab, fabbrica fino alle 18 solo lun-ven)

Fabrica de Chapeus de Santa Maria

ACCESSORI

26 Cartina p56, D4

In questo piccolo e fatiscente laboratorio della Zona Velha, fra pile di copricapo, vecchie macchine da cucire e scarti di materiali, si confezionano i cappelli tradizionali di Madeira. L'orario di apertura è irregolare. (Rua de Santa Maria 238-9; ⏲11-19 lun-ven)

Da non perdere
Monte

Trasporti

🚡 Il **Teleférico do Funchal** (sola andata/andata e ritorno €10/15; ⏲9-17.45) parte dal lungomare.

🚌 L'autobus n. 21 ha il capolinea in Largo da Fonte, il n. 22 a Babosas. Il n. 48 collega Monte con la zona degli alberghi.

La parte a monte di Funchal è un sobborgo di ville aristocratiche, in passato residenza privilegiata delle famiglie più facoltose, che in estate al caldo della costa preferivano le temperature più miti a 500 m di quota. Oggi è un bellissimo quartiere che vale assolutamente la pena di visitare, con alcune mete d'interesse immerse nel verde rigoglioso e profumato dei giardini. È divertente anche arrivarci con la funivia che parte dalla Zona Velha e conduce i visitatori oltre le nuvole basse che spesso avvolgono le montagne di Madeira.

Carro de cesto tradizionale

In primo piano

Igreja da Nossa Senhora

Una scenografica rampa di 68 gradini in pietra sale verso la Igreja da Nossa Senhora, una tra le chiese più belle dell'isola. A chi sale le scale appare pian piano nell'elegante simmetria barocca che cattura lo sguardo. La chiesa di Monte fu costruita dopo il terremoto del 1748 che aveva distrutto l'edificio originale. Il grande altare barocco ospita la piccola statua di Nostra Signora, una delle immagini sacre più venerate dalla popolazione locale. Nella cappella laterale a sinistra dell'ingresso si trova la tomba di Carlo I, l'imperatore d'Austria morto in esilio a Madeira (v. lettura p71).

Discesa sulla slitta di vimini

Ernest Hemingway la descrisse come 'l'esperienza più esaltante' della sua vita e non sapremo mai se vi fosse del sarcasmo nelle sue parole; tuttavia, la discesa sulla slitta di vimini da Monte a Livramento è un'esperienza che sarebbe un peccato non fare. In passato, quando non esistevano le strade, le slitte rappresentavano l'unico mezzo disponibile per trasportare le merci su e giù per i ripidi pendii di Madeira e i *carros de cesto* di Monte sono un ricordo di quei giorni. Le slitte sono fabbricate in vimini di Camacha, provviste di sedili imbottiti e possono trasportare due persone. I conducenti indossano cappello di paglia stile gondoliere, camicia bianca, pantaloni bianchi e scarpe con suola di gomma che aiutano a frenare quando, sfrecciando sull'asfalto, la slitta acquista eccessiva velocità. Spendere €30 (in due) per una scivolata di dieci minuti può sembrare eccessivo, ma è un'esperienza unica – anche se forse non proprio esaltante come la descriveva Papa.

In linea d'aria Monte dista 3 km dal lungomare di Funchal.

www.telefericodofunchal.com

☑ Consigli

- Il clima a Monte può essere molto diverso rispetto a quello di Funchal. Se dalla costa non si vede la Igreja da Nossa Senhora, è probabile che a Monte l'aria sia umida e fredda.
- Le funzioni presso la Igreja da Nossa Senhora hanno luogo martedì, mercoledì, venerdì e sabato alle 18, giovedì alle 8.30 e domenica alle 8 e alle 11.

✕ Una pausa

Il **Cafe do Parque** (Largo da Fonte; portate principali e spuntini €1-9; ⌚9-17), sulla bella piazza di Monte, è una meta piacevole per un caffè e un dolce. Rinnovato di recente, **Alto Monte** (Caminho das Tihas; portate principali €6-18; ⌚11-15 e 20-23) è un caffè che serve piatti tipici madeirensi.

Il *teleférico* (funivia) per Monte

Quel che resta della ferrovia

L'unico treno mai esistito a Madeira viaggiava lungo una ferrovia a cremagliera che partiva dal centro di Funchal e saliva per 4 km fino a Monte proseguendo poi per Terreiro da Luta. In servizio dal 1893 al 1943, il treno aveva un'unica carrozza e costituiva una grande attrazione turistica (come la funivia oggi). A seguito però di un paio di incidenti e del fallimento dell'azienda, il servizio fu sospeso; tutto ciò che rimane è la Via do Comboio (Via del Treno), strada quasi tutta dritta che segue il tracciato dei binari, un viadotto ferroviario a due passi dal Largo da Fonte e la vecchia stazione ferroviaria di Monte, purtroppo in stato di abbandono, in un angolo della piazza. Attualmente si sta studiando un progetto per ripristinare il tratto Monte-Terreiro da Luta.

Monte Palace Tropical Garden

Una volta saliti al quartiere di Monte, è quasi d'obbligo una passeggiata nel **Monte Palace Tropical Garden** (www.montepalace.com; Largo da Fonte, Monte; ingresso €10; ⌚9.30-18). La proprietà, nata alla fine del XVIII secolo come residenza privata del console britannico Charles Murray e in seguito trasformata in albergo, fu acquistata da José Berardo verso la fine degli anni '80. L'imprenditore locale ne fece un magnifico parco, oggi calamita per i turisti, riempiendolo di fontane, grotte artificiali, sculture e piante esotiche.

Teleféricos

Il mezzo più interessante per raggiungere Monte è la funivia che parte dalla Zona Velha, un'impressionante opera di ingegneria portata a termine nel 2000. Durante la salita (20 minuti) si sorvolano i tetti rossi delle case, i banani e le gole a strapiombo di Funchal, un'esperienza senz'altro memorabile ma decisamente sconsigliata a chi soffre di vertigini. Le cabine della teleferica si fermano a Barbosas, a pochi passi dalle mete turistiche di Monte. Nelle vicinanze parte un'altra funivia, meno frequentata, che prosegue verso i giardini botanici.

Conoscere

L'ultimo degli Asburgo

Non tutti sanno che a Madeira si è svolto l'ultimo atto di una vicenda storica iniziata molti secoli fa nel cuore dell'Europa. Ogni vero monarchico austriaco, invece, sa bene che Monte è il luogo in cui si spense Carlo I, l'ultimo degli Asburgo, imperatore d'Austria in esilio e ultimo re di Boemia e Ungheria.

Ma quali eventi fecero in modo che l'ultimo capitolo della storia degli Asburgo, dinastia che per otto secoli aveva svolto un ruolo dominante nella storia europea, dovesse scriversi su un'isola dell'Atlantico? In seguito all'assassinio dell'arciduca Francesco Ferdinando a Sarajevo nel 1914, episodio che scatenò la prima guerra mondiale, Carlo divenne il presunto erede e, quando l'imperatore Francesco Giuseppe morì nel novembre del 1916, gli succedette al trono. Nel 1918, tuttavia, l'impero austriaco era sul punto di crollare e dalle sue macerie stavano nascendo nuovi stati come la Cecoslovacchia e l'Ungheria. Quando nel 1919 fu dichiarata la repubbica austriaca, Carlo rifiutò di abdicare o di rinunciare alle sue pretese di sovranità e nel marzo di quell'anno fuggì in Svizzera.

Dopo aver tentato per due volte di riprendere il trono ungherese, nel novembre 1921 salì con la moglie Zita a bordo di una nave inglese diretta a Madeira, dove la Triplice Intesa aveva deciso di esiliarlo ritenendo difficile che, da un'isola così remota, Carlo avrebbe rinnovato il suo tentativo di riconquista del trono. In un primo momento la famiglia reale alloggiò nella Villa Victoria, vicino al Reid's Palace Hotel, ma in seguito fu trasferita nella Quinta do Monte (sobborgo di Monte). Durante una passeggiata verso il centro città, lo sfortunato Asburgo si buscò un raffreddore che di lì a poco si trasformò in polmonite. Morì il 1° aprile 1922.

Beatificato da papa Giovanni Paolo II nel 2004, Carlo è sepolto in una semplice bara avvolta da una bandiera, in una cappella laterale della Igreja da Nossa Senhora a Monte. Dagli anni '20 a oggi si è discussa più volte la possibilità di trasferire la salma a Vienna, nella Cripta Imperiale, ma finora il proposito è rimasto solo sulla carta. La cappella è diventata una meta di pellegrinaggio per nostalgici monarchici provenienti da ogni angolo dell'ex impero asbsburgico, desiderosi di scoprire il luogo dove la storia degli Asburgo giunse alla sua fine improbabile ma definitiva.

Scoprire

Costa settentrionale

L'aspra costa settentrionale di Madeira sembra lontana mille miglia dal litorale soleggiato del sud, con alte scogliere a picco sull'Atlantico che sferza l'isola con onde impetuose. Tre villaggi offrono sufficienti mete d'interesse per un'escursione in giornata da Funchal; ma ricordate: mentre la costa meridionale è inondata di sole, a nord l'aria è umida e fredda – tenete sempre a portata di mano un pullover.

In un giorno

Disponendo di un'auto è possibile visitare tutti i principali luoghi d'interesse della costa settentrionale in un'unica lunga giornata (con gli autobus non si può fare). Percorrete la Via Rápida e poi seguite le indicazioni che da Machico conducono a Santana, villaggio famoso per le sue **case triangolari** (p76; foto a sinistra). In una di queste si trova l'ufficio turistico. A chi viaggia con i bambini consigliamo una tappa al **Parque Temático da Madeira** (p75), luogo perfetto per dar sfogo alle energie e imparare al contempo molte cose sull'isola.

Proseguendo per un breve tratto lungo la costa, il piacere di imparare continua con le **grotte** e il **Centro do Vulcanismo** (p75) di São Vicente. Nel villaggio ci sono alcuni caffè dove si può pranzare prima o dopo aver esplorato le grotte, scoprendo come è avvenuta la formazione geologica di Madeira. Sulla spiaggia locale potrete raccogliere qualche pietra pomice.

È bello arrivare a Porto Moniz nel tardo pomeriggio, quando la maggior parte dei turisti è ormai ripartita. Contemplate il tramonto e la vastità dell'Atlantico, magari sorseggiando un aperitivo da **Cachelote** (p77), locale che si affaccia sulle piscine di roccia vulcanica, prima di rientrare a Funchal per la cena.

Il meglio

Villaggi

São Vicente (p133)

Per i bambini

Aquário da Madeira (p75)

Centro Ciência Viva (p75)

Grutas e Centro do Vulcanismo (p75)

Parque Temático da Madeira (p75)

Pasti

Cantinho da Serra (p76)

Trasporti

Automobile Un'auto a noleggio è il mezzo migliore per visitare la costa settentrionale.

Autobus Le seguenti compagnie di autobus servono la costa settentrionale da Funchal: Porto Moniz, autobus Rodoeste n. 80, 139; São Vicente, autobus Rodoeste n. 139; Santana, autobus Horários do Funchal n. 56.

Descrizioni
Da vedere p75
Pasti p76
10 km
5 miles
0
0
N
A
B
C
D
E
1
2
3
4
OCEANO ATLANTICO
Centro Ciência Viva
Aquário da Madeira
Porto Moniz
Ribeira da Janela
Seixal
São Vicente
Grutas e Centro do Vulcanismo
Ponta Delgada
Igreja do Bom Jesus
Santana
Parque Temático da Madeira
Faial
Porta da Cruz
Parque Florestal das Queimadas
Pico Ruivo (1862m)
Pico das Torres (1853m)
Pico do Arieiro (1818m)
Ribeiro Frio
Passo Encumeada
Serra de Água
ER101
VE2
ER104
ER110
1
2
3
4
5
6
7
8
9
10
11
12

Da vedere

Grutas e Centro do Vulcanismo
GROTTE

1 Cartina p74, B3

Immediatamente a sud di São Vicente si trova un sistema di grotte (*grutas*) e tunnel di lava accessibili con visita guidata. Studiate dal geologo inglese James Johnson intorno al 1850, le grotte si sono formate 900.000 anni fa. Il vicino Centro do Vulcanismo offre una proiezione in 3D, uno sguardo interattivo sulla nascita geologica di Madeira e sui vulcani in generale. (www.grutasecentrodovulcanismo.com; Sitio do pé do Passo, São Vicente; interi/bambini €8/6; 10-19)

Porta da Cruz (p76)

Aquário da Madeira
ACQUARIO

2 Cartina p74, A2

Il più bell'acquario di Madeira si nasconde, come un paguro, in una fortezza di pietra restaurata. All'interno, le 12 grandi vasche riproducono i vari habitat oceanici della regione di Madeira. La più grande contiene 500.000 l d'acqua ed è accessibile anche ai sub. (Rua Forte São João Batista, Porto Moniz; interi/bambini €7/4; 10-18)

Centro Ciência Viva
MUSEO

3 Cartina p74, A2

Questo museo, che affronta molti temi scientifici in modo creativo e concreto, si concentra sulla laurisilva di Madeira (Patrimonio dell'Umanità dall'UNESCO), sul suo clima, sulla sua biodiversità e sul rapporto dell'uomo con questo ambiente. Le sezioni interattive prevedono un percorso a piedi nudi nella foresta, una levada virtuale e innumerevoli touch screen, puzzle e filmati. (www.portomoniz.cienciaviva.pt; Rotunda do Ilhéu Mole, Porto Moniz; interi/bambini €3,50/2,50; 10-18)

Parque Temático da Madeira
PARCO DIVERTIMENTI

4 Cartina p74, E3

I bambini si divertono un mondo in questo parco a tema dedicato all'isola di Madeira. Ci sono un lago con barche a remi, un labirinto, un trenino, riproduzioni delle case triangolari di Santana, un grande parco giochi, qualche mostra informativa e un caffè. È una meta interessante, ma non

Vita in città

Case triangolari di Santana

Santana (cartina p74, E3) è nota per le sue case triangolari, costruite con due spioventi coperti di paglia che arrivano fino a terra per proteggere l'edificio dal clima inclemente del nord. In Rua João Abel de Freitas il proprietario di un'abitazione originale permette di visitarla in cambio di una piccola offerta. Un esemplare costruito appositamente accoglie l'ufficio turistico.

merita un viaggio da Funchal. (www.parquetematicodamadeira.pt; Estrada Regional 101, Santana; interi/bambini €10/8; 10-19 metà giu-metà set e metà dic-metà gen, chiuso lun il resto dell'anno)

Igreja do Bom Jesus CHIESA

5 Cartina p74, C3

Ponta Delgada, 30 km a ovest di Santana, è un remoto borgo di pescatori e sede della barocca Igreja do Bom Jesus. La chiesa custodisce un crocifisso del XVIII secolo, misteriosamente portato a riva dalla corrente nel 1740. In settembre vi si svolge la Festa de Senhor Jesus, che risveglia Ponta Delgada dal solito torpore. (Ponta Delgada)

Porta da Cruz VILLAGGIO

6 Cartina p74, E4

È il villaggio più orientale che si raggiunge prima che scogli enormi costringano la strada a piegare verso l'entroterra, un luogo pittoresco alla base di ripidi pendii terrazzati. Da marzo a maggio vi si respira il dolce profumo proveniente dall'ultimo zuccherificio funzionante di Madeira.

Pasti

Quinta do Furão INTERNAZIONALE €€

7 Cartina p74, E3

Il miglior albergo-ristorante della costa settentrionale. Il menu, internazionale con un tocco esotico, propone piatti da gourmet, come la crema di barbabietole con castagne glassate, il foie gras al Madeira e le quaglie marinate in melassa di zucchero di canna. La terrazza ha una vista strepitosa. (www.quintadofurao.com; Achada do Gramacho, Santana; portate principali €9-17; 12-21.30)

Cantinho da Serra MADEIRENSE €€

8 Cartina p74, E3

A cinque minuti di strada da Santana, andando verso Achada do Teixeira, si trova questa locanda rustica e accogliente, con caminetto e arredi di campagna. La cucina, tipica e sostanziosa, propone pietanze a base di *bacalhau*, agnello, capra e pesce servite caldissime in ciotole d'argilla. I vini sono per lo più del Portogallo continentale. Visitate la pagina Facebook. (Estrada do Pico das Pedras, Santana; portate principali €9-17; 12.30-22)

Estrela do Norte MADEIRENSE €€

9 Cartina p74, E3

I tavoli ben apparecchiati e stipati della 'Stella del Nord' contano 145 coperti e il menu prevede piatti tipici come *espada* (pesce sciabola nero) con banane, *espetada* (manzo alla griglia cotto sullo spiedo) e carne di maiale marinata nel vino. Hanno anche pizze discrete e piatti del giorno. (Avenida Manuel Marques Trinidade 24, Santana; portate principali €7-14; 10-22)

Cachelote
MADEIRENSE €€

10 Cartina p74, A2

Ristrutturato di recente, il 'Capodoglio' si trova sul lungomare di Porto Moniz, in cima a un ammasso frastagliato di roccia vulcanica, a volte sferzato dalla furia dell'Atlantico. La sala da pranzo è preceduta da una mostra sul passato agricolo e baleniero della zona. Si mangiano piatti tradizionali come la carne di maiale marinata nel vino e l'*espada*. (Rua Forte de São João Batista, Porto Moniz; portate principali €9-17; 12-23)

Quebra Mar
MADEIRENSE €€

11 Cartina p74, B3

Sul lungomare di São Vicente s'incontra il suo miglior ristorante, Quebra Mar, con una vista a 360° sulla costa e sull'oceano (la sala da pranzo ruota lentamente su se stessa). Il menu offre piatti di carne e pesce in egual misura, privilegiando pietanze locali come il pesce sciabola nero, l'*espetada*, il tonno e il pesce in umido. Come dessert consigliamo il *pudim de veludo* (crême caramel). (291 842 338; www.restaurantequebramar.com; Sítio do Calhau, São Vicente; portate principali €8-16; 9-18 lun, fino alle 22 mar-dom)

Churrascaria Santana
PORTOGHESE €

Non è precisamente un locale per buongustai, eppure questa *churrascaria* (v. 9 cartina p74, E3) è un posto simpatico, frequentato da famiglie in gita, boscaioli e poliziotti di Santana. Vi potrete gustare una grigliata di carne economica bevendo vino rosso portoghese. I tavoli sono apparecchiati con tovaglie a scacchi e l'ambiente è accogliente. (Avenida Manuel Marques Trindade, Santana; portate principali €8-11,50; 10-22)

Ferro Velho
MADEIRENSE €

12 Cartina p74, B3

Sulla piazza da molti anni, questo pub-ristorante nella parte vecchia di São Vicente è tappezzato di sciarpe da calcio e targhe d'auto da ogni parte del mondo ed è perfetto per bere una Coral la sera, se non si rientra a Funchal. Si spende poco, ma conviene attenersi ai piatti più tipici. (Rua da Fonte Velha, São Vicente; portate principali €3-9; 11-23)

Vita in città

La vecchia strada costiera

Poco più larga di un'automobile, la strada n. 101, la più spettacolare dell'isola, è stata sostituita dalla nuova VE2. Fino a poco tempo fa lo stretto nastro d'asfalto era lo spauracchio degli automobilisti, costretti a percorrerla rasentando precipizi e cascate. Ne rimangono aperti singoli tratti (tra cui quello verso Porto Moniz, a senso unico).

Vita sull'isola
Circuito di Madeira orientale

Trasporti

🚗 Si parte da Funchal, ma non dalla Via Rápida: dirigetevi a nord del centro seguendo le indicazioni per Monte, la prima tappa dell'itinerario.

Il circuito attraverso la parte orientale di Madeira tocca vari punti panoramici affacciati sulle montagne, sonnolenti villaggi costieri e bei posticini dove si può assaggiare la cucina locale. L'ideale è disporre di un'auto a noleggio, in modo da decidere in autonomia la durata di ogni tappa. Effettuando tutte le soste indicate, l'itinerario è comodamente percorribile in una giornata.

❶ Monte

Forse avrete già visitato il sobborgo di Monte (p68), ma la vostra seconda visita potrebbe essere molto diversa dalla prima - a 500 m sopra il livello del mare, il clima cambia molto velocemente: in pochi istanti il Largo da Fonte e la Igreja da Nossa Senhora passano dal sole alla nebbia più fitta.

❷ Poiso

Da Monte la strada si inerpica quasi verticale in direzione nord verso Poiso, dove all'altezza della svolta per la terza cima di Madeira (Pico do Arieiro) si trova l'accogliente locanda Casa de Abrigo do Poiso (p111), un posto simpatico per una *chinesa* (caffelatte) e un *pastel de nata* (tortina alla crema).

❸ Pico do Arieiro

La strada che porta al Pico do Arieiro conduce ben oltre il limite della vegetazione arborea e termina sulla vetta, dove troverete una stazione radar, un caffè, un negozio di souvenir e un parcheggio molto ripido. Nelle giornate terse la vista da quassù è semplicemente stupenda.

❹ Ribeiro Frio

Per scendere dal Pico do Arieiro sarete costretti a ripercorrere la strada fino a Poiso, da dove, proseguendo per 15 minuti lungo un tratto a saliscendi, giungerete al villaggio di Ribeiro Frio. La specialità dei ristoranti locali è la trota - le vedrete rincorrersi in circolo presso l'allevamento locale (p110).

❺ Faial

Annidato in modo pittoresco ai piedi della Penha D'Águia (Roccia dell'Aquila), una grande rupe che si erge per quasi 600 m in verticale dall'oceano, Faial è un tranquillo villaggio della costa settentrionale. Poco visitato, ha una chiesa graziosa e si anima soltanto in occasione dell'annuale Festa da Anona a fine febbraio/inizio marzo.

❻ Machico

Proseguite lungo la strada veloce che supera vari tunnel prima di giungere a Machico, ex capoluogo di Madeira e suo secondo centro abitato. Fu qui che sbarcò il capitano Zarco rivendicando il possesso dell'isola per il Portogallo (al porto lo ricorda una piccola targa). La città ha alcune modeste attrazioni, una spiaggia artificiale e buoni ristoranti, tra cui il Maré Alta (p86).

❼ Santa Cruz

Trattandosi del villaggio situato all'estremità della pista dell'aeroporto di Madeira, Santa Cruz resta impressa nella memoria per l'atterraggio spettacolare degli aerei che planano bassi sulla costa rocciosa.

❽ Caniço e Caniço de Baixo

Ormai praticamente raggiunta dall'espansione urbana di Funchal, Caniço si segnala per il piccolo centro storico, la bella chiesa e i giardini della Quinta Splendida. A valle, la più tranquilla Caniço de Baixo è ideale per ammirare il tramonto dal Complexo Balnear Lido Galomar (p132).

Scoprire

Madeira orientale

La parte orientale di Madeira è la più popolata dell'isola: oltre a Funchal, si trovano Machico, seconda città per numero di abitanti ed ex capoluogo, Caniçal, il porto principale, e l'aeroporto, che poggia su piloni di cemento armato. Oltre alla vista degli aerei in atterraggio, la regione offre parchi acquatici, sabbie dorate e panorami stupendi, tutto a pochi chilometri da Funchal lungo la Via Rápida.

In un giorno

Viaggiando in autobus è possibile vedere in un giorno quasi tutta la parte orientale dell'isola, ma naturalmente è molto più facile in auto. Situata circa 700 m a monte del lungomare di Funchal, Camacha, rinomata per la sua **fabbrica di vimini** (p82), sarà la vostra prima tappa. Da qui potete scendere verso l'aeroporto per osservare gli **aerei** (p85) alle prese con atterraggi da brivido sull'Atlantico, oppure proseguire per Machico (foto a sinistra), dove vi attendono una spiaggia di sabbia dorata e un pranzo a base di pesce al ristorante **Maré Alta** (p86).

Il **Museu da Baleia** (p85) di Caniçal è uno dei musei più interessanti dell'isola. Qui imparerete tutto quel che avete sempre voluto sapere sulle balene e sull'industria baleniera di Madeira, che da tempo ha cessato ogni attività. È un luogo affascinante e vale la pena di dedicargli almeno un paio d'ore. Le bancarelle sul lungomare vendono manufatti in osso di balena.

La sera potreste voler tornare a Machico, dove si trova il lungomare più vivace dopo quello di Funchal, o a Caniço, dove potrete gustare una grigliata di carne al ristorante **A Central** (p86). In estate è memorabile il tramonto visto dalla statua del **Cristo Rei** (p85) a Garajau.

Da non perdere

Fabbrica di vimini di Camacha (p82)

Il meglio

Pasti

Maré Alta (p86)

La Perla (p86)

Musei

Museu da Baleia (p85)

Passeggiate

Ponta de São Lourenço (p122)

Spiagge

Praia de Machico (p132)

Praia de Garajau (p132)

Complexo Balnear Lido Galomar (p132)

Trasporti

Automobile Un'auto a noleggio è il mezzo più comodo per visitare la costa orientale.

Autobus I seguenti autobus servono la parte orientale di Madeira partendo da Funchal: Machico, autobus SAM n. 20, 23, 53, 78 e 113; Camacha, autobus Horários do Funchal n. 129; Caniço, autobus SAM diretti a est; Caniçal, autobus SAM n. 113; Aeroporto da Madeira, autobus SAM per l'aeroporto e linee per Machico.

Da non perdere
Fabbrica di vimini di Camacha

I tifosi lusitani la conoscono come il luogo in cui si giocò la prima partita di calcio in territorio portoghese (come ricorda il monumento sulla piazza principale), ma per il resto del mondo Camacha è famosa per i vimini. I rami vengono raccolti sulle montagne intorno alla cittadina, fatti essiccare, selezionati e quindi piegati e intrecciati a formare una miriade di oggetti funzionali o puramente decorativi. Il fulcro della produzione di vimini è l'edificio chiamato O Relógio ('l'orologio') in centro città.

Cartina p84, B3

291 922 777

Largo Conselheiro Aires de Ornelas 12, Camacha

ingresso libero

8.45-18

Esposizione di artigianato nella fabbrica di vimini di Camacha

In primo piano

Non solo ceste

Al primo piano dell'edificio chiamato O Relógio si trova il negozio della fabbrica, una via di mezzo tra un'esposizione e un emporio di souvenir. Vi troverete oggetti in vimini di ogni forma e dimensione: grandi cornici per specchi, mobili per case di bambole, valigie, cestini per il pane, slitte di Monte in miniatura, paralumi, cesti per la frutta e portabottiglie. I prezzi sono molto ragionevoli e la qualità altissima - sono oggetti che spesso durano decenni.

Il meraviglioso mondo dei vimini

Al piano terra è possibile visitare una mostra che vi farà prendere in mano la macchina fotografica. Immortalerete la copia in vimini della caravella di Zarco oppure cesti con scimmie e rane che vi guardano con occhi da peluche. Purtroppo qui nessuno degli oggetti esposti è in vendita. Si possono acquistare, invece, i mobili in vimini, assai diffusi peraltro nelle piccole pensioni di Madeira e negli alberghi ricavati dalle eleganti *quintas* (ville di campagna).

La fabbrica

La parte più interessante dell'edificio è il piano interrato, dove vedrete quattro o cinque abili artigiani seduti su vecchi cuscini, intenti a intrecciare con agilità rami e fabbricare articoli per il negozio. Saranno lieti di mostrarvi come lavorano e farvi prendere in mano gli oggetti, ma pochi di loro parlano inglese. Vedrete anche gli stampi in legno grezzo usati per confezionare ceste e paralumi, e fascine di rami accatastate contro le pareti.

☑ Consigli

- Camacha è a 700 m sopra il livello del mare: qui fa decisamente più freddo che a Funchal.
- Il negozio effettua spedizioni di mobili a domicilio (non di piccoli oggetti).
- Da Funchal conviene prendere l'autobus n. 129 della compagnia Horários do Funchal; al ritorno invece ci sono più linee fra cui scegliere.
- La terrazza panoramica dietro O Relógio offre una favolosa vista sull'Atlantico.
- Sulla piazza antistante O Relógio c'è un grande parco giochi per i bambini.

Una pausa

Per un pasto completo consigliamo **O Relógio** (Largo Conselieiro Aires de Ornelas, Camacha; portate principali €7,50-14,50; 🕗12-16 nov-marzo, 12-16 e 19-22 apr-ott), sopra la fabbrica e il negozio di vimini. Il caffè accanto al negozio offre panini, dolci e bevande.

A
B
C
D
E
1
2
3
4
0 — 2.5 miles
0 — 5 km
Parque Florestal das Queimadas
Faial
Porta da Cruz
ER103
Ribeiro Frio
Poiso
Monte
Funchal
Via Rápida
Camacha
Fabbrica di vimini di Camacha
ER102
Caniço
Garajau
2 Cristo Rei
5
7
9
Via Rápida
Santa Cruz
3 Aeroporto da Madeira
Machico
4 Capela dos Milagres
6
8
ER109
1 Museu da Baleia
Caniçal
Ponta de São Lourenço
OCEANO ATLANTICO
Descrizioni
Da non perdere p82
Da vedere p85
Pasti p86

Da vedere

Museu da Baleia

MUSEO

1 Cartina p84, D2

Nel 2012 il Museo della Balena di Caniçal ha riaperto i battenti nella sua nuova sede, un complesso ultramoderno costato diversi milioni di euro. Oggi è il museo più affascinante del mondo sull'argomento, diviso in due sezioni, dedicate rispettivamente all'industria baleniera di Madeira e alle balene. Nel prezzo dell'ingresso è compreso il noleggio dell'audioguida. (www.museudabaleia.org; Rua Garcia Moniz 1, Caniçal; interi/bambini con audioguida €10/5; 11-18 mar-dom marzo-ott, 10-17 nov-feb)

AGE FOTOSTOCK/ALAMY ©

Cristo Rei, Garajau

Cristo Rei

STATUA

2 Cartina p84, B4

A 6 km in linea d'aria dal centro di Funchal si trova Garajau, villaggio arroccato in posizione suggestiva sul fianco di una scogliera. Sul promontorio sferzato dal vento, a valle dell'abitato, spalanca le braccia guardando verso l'Atlantico la statua del *Cristo Rei*. Eretta alla fine degli anni '20, è una versione ridotta del Cristo Redentore di Rio de Janeiro. (Estrada Nova de Cristo Rei, Garajau)

Aeroporto da Madeira

PUNTO DI INTERESSE

3 Cartina p84, C3

Un aeroporto tra i punti di interesse? Lo è senz'altro quello di Madeira, la cui pista d'atterraggio, sospesa su piloni di cemento, si protende nell'Atlantico ed è circondata da montagne su tre lati. Da Santa Cruz salite lungo la ER207 che domina la pista dall'alto, per assistere alle manovre acrobatiche degli aerei in fase di atterraggio. (www.ana.pt; Santa Cruz)

Capela dos Milagres

CAPPELLA

4 Cartina p84, C2

Sulla sponda settentrionale del fiume sorge la Cappella dei Miracoli, la più famosa delle tre chiese di Machico. L'edificio fu spazzato via da un'alluvione nel 1803, ma il crocifisso fu recuperato nell'oceano dai marinai di una galea americana. Gli isolani gridarono al miracolo: di qui il nome della cappella. (Rua do Senhor dos Milagres, Machico)

Pasti

La Perla

INTERNAZIONALE **€€€**

5 Cartina p84, B4

Il ristorante più raffinato lungo questo tratto di costa occupa la bella casa padronale della Quinta Splendida, un edificio dell'Ottocento con tre sale fra cui scegliere. Il menu per buongustai prevede piatti di stagione e varie specialità flambé. Come dessert consigliamo le crêpes Suzette, flambate con Grand Marnier e succo d'arancia. (www.quintasplendida.com; Estrada da Ponta Oliveira 11, Caniço; menu €60, portate principali €15-30; 19-22 mer, ven e dom)

Maré Alta

CUCINA DI MARE **€€**

6 Cartina p84, C3

Il miglior pesce di Machico si mangia in riva al mare, dietro le grandi vetrate del Maré Alta. La cucina propone tutte le specie marine di Madeira, ma anche di altre provenienze: patelle, tonno, *espada* (pesce spatola nero) e polpo locali e molluschi importati. (Largo da Praça, Machico; portate principali €11,50-20; 11-23)

Atlantis

MADEIRENSE **€€**

7 Cartina p84, B4

Costruito a ridosso della scogliera, sopra il solarium dell'Hotel Galomar, l'Atlantis, come suggerisce il nome, sembra emergere dalle onde. Ha una sala interna e una magnifica terrazza sull'oceano. Il menu non contempla solo piatti di pesce ma anche pietanze a base di carne – a volte perfino anatra! (291 930 930; Ponta D'Oliveira, Caniço de Baixo; portate principali €11,50-14; 10-22)

Mercado Velho

MADEIRENSE **€€**

8 Cartina p84, C2

Nascosto nell'edificio del vecchio mercato, a pochi passi dal mare, il ristorante, in attività da molti anni, ha un grazioso dehors fra i vecchi acquai del mercato e una sala interna più formale. Il ricco menu offre carne, pesce, pizze, zuppe e insalate. (Rua do Mercado, Machico; portate principali €9-18; 10-23)

A Central

PORTOGHESE, BRASILIANO **€€**

9 Cartina p84, B4

Il buon profumo della griglia invita a entrare in questa *churrascaria* (ristorante specializzato in pietanze alla griglia) nel centro di Caniço. Si mangiano carne e pesce cucinati su carbonella d'acacia e accompagnati da insalata e vino. Il *rodizio brasileiro* – 14 tipi di carne cotta allo spiedo – manda in visibilio tutti i carnivori. (Rua João Paulo II 10-14, Caniço; portate principali €8-14; 11-2)

Conoscere

La leggenda di Machin

Secondo una leggenda, all'origine del nome di Machico ci sarebbe Robert Machin, mercante di Bristol del XIV secolo, naufragato sull'isola mentre era in fuga con l'amante, Anne of Hertford. Il capitano Zarco avrebbe trovato le loro tombe quando sbarcò la prima volta sull'isola.

Conoscere

Tutelare gli habitat naturali di Madeira

I balenieri armati di arpioni ne hanno spopolato le acque, i costruttori di navi vi hanno fatto rifornimento di legname e il capitano Zarco avrebbe addirittura ordinato di incendiare interi tratti di foresta per ricavare campi dove coltivare grano: l'attività dell'uomo non è quasi mai tornata a vantaggio di Madeira, ma gli odierni interventi di tutela, riforestazione e conservazione le stanno restituendo l'aspetto che aveva sei secoli fa.

L'ultima era glaciale spazzò via dal continente quasi tutta la laurisilva (foresta di lauri e cedri) che in origine ricopriva ampie regioni dell'Europa meridionale. Questo tipo di foresta sopravvisse però in Macaronesia (il complesso degli arcipelaghi di Madeira, Canarie, Capoverde e Azzorre). Dichiarata sito Patrimonio dell'Umanità dall'UNESCO nel 1999, la laurisilva di Madeira si estende su una superficie di 150 kmq ed è il suo habitat naturale più prezioso, in gran parte coincidente con le inaccessibili valli e le montagne della parte settentrionale e nord-occidentale dell'isola. Il Centro Ciência Viva (p75) di Porto Moniz è il luogo dove avrete modo di informarvi su questa foresta antichissima. Per immergervi nel vivo della vegetazione, consigliamo di visitare il Parque Florestal das Queimadas vicino a Santana.

I pini e gli eucalipti piantati a metà del XX secolo per ricavarne legname sono specie aliene che un po' alla volta vengono ora sostituite da quelle indigene come l'alloro delle Azzorre (*Lauris azorica*), il marmulano e il ginepro. A poco a poco viene sospesa definitivamente anche la silvicoltura a scopo commerciale.

Anche l'oceano è oggetto di importanti interventi di conservazione. La Reserva Marina do Garajau fu creata nel 1986 lungo un'area della costa meridionale dove un tempo venivano trascinate a riva e smembrate le balene catturate. Le acque intorno a Garajau sono particolarmente ricche di fauna marina e oggi sono rinomate come sito d'immersione.

Dell'arcipelago di Madeira fanno parte anche le tre disabitate Isole Desertas, visibili da Funchal a 35 km dalla costa, che formano un'unica grande riserva naturale. Nel 1989 la foca monaca delle Isole Desertas era una tra le specie più a rischio del pianeta, poiché erano rimasti solo otto esemplari. Oggi se ne contano una trentina e il numero risulta in crescita. Grazie alla presenza di varie specie di uccelli, le tre Isole Selvagge, 280 km a sud di Madeira, sono una riserva naturale dal 1971.

Solo a Madeira

I sentieri delle levadas

Uno dei motivi che spingono i viaggiatori a visitare Madeira è la possibilità di fare camminate lungo le levadas – 2500 km di canali d'irrigazione costeggiati da sentieri che si snodano attraverso la natura selvaggia. Partite da Funchal la mattina presto, inoltratevi nel magnifico paesaggio (e fate un picnic) e rientrate in città in tempo per la cena. Fate almeno un'escursione: ne sarete conquistati.

In primo piano

Escursione indipendente

I sentieri delle levadas sono per la maggior parte percorribili in modo autonomo. In alcuni casi, però, occorre organizzarsi bene per raggiungere l'inizio del sentiero, soprattutto se non si noleggia un'auto. Chiedete consiglio all'ufficio turistico di Funchal o alle reception degli alberghi. Tutte le compagnie d'autobus di Madeira postano i loro orari online e i percorsi tengono conto delle esigenze di turisti ed escursionisti. Chi dispone di un'auto ha il problema del ritorno perché i sentieri sono percorsi lineari e può essere necessario prendere un autobus per ritornare all'auto. I taxi sono comodi ma dispendiosi: se chiedete a un tassista di Funchal di aspettarvi a Portela, per rientrare in città spenderete €50.

Escursione di gruppo

Ogni giorno ci sono decine di gruppi che si avviano verso le levadas per un'escursione di mezza giornata o di una giornata intera. Ricorrere a un gruppo risolve il problema dei trasporti, ma molti gruppi si muovono in fretta e non lasciano il tempo di far soste a piacere. I tour sono economici (circa €25 per un'intera giornata), le guide di solito sono molto competenti e di norma l'agenzia offre il trasporto da/per l'albergo dove alloggiate. I gruppi spesso sono numerosi (specie quelli delle navi da crociera) e finiscono per intasare i sentieri e spaventare la fauna. Le escursioni si possono prenotare un po' ovunque nella zona degli alberghi e a volte è compreso anche il pranzo (pagando un supplemento).

Cartine e guide

Per chi si mette in marcia per conto proprio è bene avere con sé una cartina e/o una buona guida. Le guide Sunflower di Madeira scritte da John e Pat Underwood sono ottime e facilmente reperibili

Trasporti

Autobus Molti sentieri sono raggiungibili in autobus: ma non tutti!

Taxi Per il rientro a Funchal molti escursionisti si fanno aspettare da un taxi alla fine del sentiero.

☑ Consigli

- Conviene contattare l'ufficio turistico per scoprire se il sentiero prescelto è soggetto a maltempo o a lavori di manutenzione.
- Portate buoni scarponi, una torcia, giacca impermeabile e viveri.
- I sentieri hanno tratti esposti, per nulla adatti a chi soffre di vertigini.
- Non camminate mai dentro le levadas, non gettatevi alcunché e non sognatevi di usarle come servizi igienici.

Una pausa

Per una pausa lungo il cammino portate l'occorrente per un picnic. Sono pochissimi i punti di ristoro lungo i sentieri delle levadas.

sull'isola (anche nei supermercati della zona degli alberghi). *Levadas and Footpaths of Madeira* di Raimundo Quintal è un po' datata, ma ricca di informazioni. *Walking in Madeira* di Cicerone illustra 60 itinerari attraverso l'isola, mentre *Walk Madeira* di Shirley e Mike Whitehead propone una serie di escursioni con vari gradi di difficoltà. Una tra le migliori cartine è *Madeira Tour and Trail* in scala 1:40.000, reperibile sull'isola. Utile sia sui sentieri sia su strada è *Madeira* in scala 1:50.000 foglio n. 234 (Kompass).

Conoscere

L'origine delle levadas

L'uomo ha creato diversi sistemi d'irrigazione in giro per il mondo, ma nessuno che somigli alle levadas di Madeira. Il complesso di canali è innanzitutto una straordinaria opera di ingegneria, ma a renderlo davvero unico è la possibilità di esplorarlo a piedi e ammirare paesaggi spettacolari. Linfa vitale dell'isola, le levadas forniscono l'acqua a rubinetti, campi e giardini, e l'elettricità – tramite l'energia idroelettrica – a case e aziende. In essenza di fiumi perenni, senza questi canali la vita dell'uomo sull'isola sarebbe praticamente impossibile.

Qual è dunque l'origine di quest'enorme rete di canali? Già i primi colonizzatori avevano compreso che la pioggia che impregnava le montagne dell'interno in qualche modo doveva essere raccolta e incanalata verso l'asciutta costa meridionale. Quest'ultima, infatti, spesso non vede una goccia di pioggia per sei mesi, mentre la parte settentrionale dell'isola riceve fino a 2 m di precipitazioni l'anno. Nel XVI secolo iniziò la costruzione dei primi acquedotti e, nel corso dei tre secoli successivi, fu realizzata l'intera rete di canali, in buona parte grazie al lavoro di schiavi. Molti furono gli uomini che persero la vita scavando i fianchi di montagne incredibilmente impervie. Intorno al 1900, però, esistevano 1000 km di levadas che provvedevano all'irrigazione dei campi coltivati e a rifornire le case di acqua potabile.

Ma c'era un problema: molte levadas erano di proprietà privata e la distribuzione dell'acqua spesso risultava iniqua. Fu così che nel 1939 intervenne lo stato commissionando la costruzione di altri canali. Nel 1970 la rete poté dirsi completata. A quest'ultimo periodo risalgono le levadas più lunghe dell'isola, come la Levada do Norte e la Levada dos Tornos.

Mentre camminate tranquillamente lungo una levada, pensate alle persone (potreste anche incontrarne alcune) che si occupano della manutenzione di centinaia di chilometri di canali, tunnel, ponti, serbatoi, tubature e chiuse. Il 99% della rete è accessibile soltanto a piedi: attrezzi e materiali devono essere trasportati da squadre di operai, a volte per decine di chilometri, fino a raggiungere il punto dove un masso di roccia o una frana ha causato l'ingorgo.

JUERGEN SACK/GETTY IMAGES ©

In alto: Coltivazioni nei dintorni di Ribeiro Frio (p92)

A destra: Casa in legno lungo il sentiero Caldeirão Verde (p95), Parque Florestal das Queimadas

RAINER MIRAU/GETTY IMAGES ©

Vita sull'isola
Escursione a piedi: da Ribeiro Frio a Portela

Tra i sentieri delle levadas più belli e più facili da raggiungere figura l'itinerario che parte da Ribeiro Frio e percorre paesaggi spettacolari, lungo ripidissime pareti di roccia e attraverso il folto della laurisilva protetta dall'UNESCO, per terminare dopo 11 km (circa quattro ore di cammino) a Portela, costeggiando per gran parte del tragitto le acque della Levada do Furado.

1 Ribeiro Frio

Gli autobus Horários do Funchal n. 56 e 103 fermano presso il Restaurante Ribeiro Frio, dietro il quale si trova l'inizio della Levada do Furado. Il sentiero, contrassegnato con la sigla PR10, risale al 1822 e costeggia una delle più antiche levadas costruite dallo stato. Il canale fu realizzato per irrigare le coltivazioni della zona intorno a Porto da Cruz.

PANORAMIC IMAGES/GETTY IMAGES ©

Veduta sulla Penha D'Águia (Rupe dell'Aquila)

❷ Ribeira do Poço do Bezerro

Dopo un'ora di cammino giungerete al ponte presso cui la Levada do Furado riceve le acque di una seconda levada: si tratta di un bel posto dove fermarsi per il picnic, un punto incantevole, dove si sentono il gorgoglio dell'acqua, il fruscio degli alberi e il canto degli uccelli. I fringuelli della zona sono domestici: verranno a mangiarvi dalla mano.

❸ Attraverso la roccia

Trascorsa più o meno un'ora e 15 minuti, il sentiero e la levada passano attraverso un grande crepaccio nella roccia. Da fuori si direbbe che occorra una torcia per attraversarlo, ma in realtà non è così. Seguite il passatoio fino a raggiungere l'estremità opposta.

❹ Cabeça Furado

Il percorso si fa più complicato dopo circa due ore di cammino, quando il sentiero e la levada confluiscono su una stretta cornice scavata nella scarpata della Suna. Alcuni tratti sono piuttosto esposti: attenzione a dove mettete i piedi! I panorami che si offrono allo sguardo superato l'abisso sono uno spettacolo indimenticabile. Per molti escursionisti è proprio l'immagine della levada che avevano in mente prima di mettersi in marcia.

❺ Lamaceiros

Dopo due ore e 45 minuti avrete raggiunto la stazione forestale di Lamaceiros, da dove si dovrebbe vedere la Ponta de São Lourenço. Poi il sentiero è tutto in discesa, con altri magnifici panorami. Il paesaggio cambia via via che gli alberi si diradano, lasciando spazio ai campi. Da qui in poi il cammino è molto agevole.

❻ Levada da Portela

La Levada do Furado termina a Lamaceiros, dove proseguirete costeggiando la Levada da Portela. Questo canale può essere pieno d'acqua oppure asciutto, a seconda di quanta acqua viene prelevata in quel momento lungo il percorso. Durante la discesa avvisterete l'imponente Penha D'Águia (Rupe dell'Aquila) e il villaggio di Faial sulla costa settentrionale.

❼ Portela

Scendendo verso Portela, il sentiero costeggia il serbatoio d'acqua della levada. Una volta raggiunta la strada alla fine del sentiero, girate a sinistra in direzione di Portela. Con l'autobus SAM n. 53 o 78 potrete rientrare a Funchal, ma controllate gli orari in anticipo perché il servizio è sporadico e una corsa in taxi sarebbe decisamente costosa.

Vita sull'isola
Escursione a piedi: Levada do Caldeirão Verde

Molto frequentata, la levada PR9 è una tra le più suggestive dell'isola. Si snoda per 6,5 km (calcolatene altrettanti per il ritorno) attraverso paesaggi strepitosi. Passa per territori impervi, rasentando pareti verticali di roccia e scorrendo all'interno di tunnel. Per quest'escursione è indispensabile una torcia – se portate il costume da bagno potrete concludere la camminata con un tuffo.

❶ Il punto di partenza

Per raggiungere Queimadas, il punto di partenza, prendete l'autobus Horários do Funchal n. 56 per Santana (al mattino ce ne sono tre) e poi un taxi. Partendo presto, si potrebbero percorrere i 4 km circa da Santana a piedi, ma la strada è quasi tutta in salita ed è molto faticosa quando fa caldo.

Parque Florestal das Queimadas

❷ Parque Florestal das Queimadas
Situata 990 m sopra il livello del mare, Queimadas è un posto incantevole, con case a graticcio che fungono da rifugio presso uno stagno popolato da anatre, in mezzo a una distesa rigogliosa di muschi e felci. Vialetti di ciottoli tagliati percorrono il parco, delimitati da staccionate fatte con rami di erica arborea. Dal parco partono due itinerari molto battuti: uno diretto a Caldeirão Verde e l'altro al Pico das Pedras.

❸ Due gole
Da Queimadas parte un sentiero in argilla rossa (scivoloso quando piove) che corre lungo la levada. Il primo ostacolo che incontra il corso d'acqua sono le due strette gole formate dalla Ribeira dos Cedros e la Ribeira da Fonte do Louro. Superate le gole (dopo circa un'ora di cammino), si raggiunge il primo tunnel breve.

❹ Osservare la flora
Trattandosi di una fra le zone più isolate di Madeira, vi sono molte specie di flora da identificare lungo il percorso. Tra le tante, potete cercare il cedro giapponese, il faggio rosso, il ginepro, l'erica scopa e il mirtillo di Madeira. Attraverserete anche un tratto di laurisilva, la foresta protetta dall'UNESCO, reliquia della foresta pliocenica che un tempo ricopriva l'Europa meridionale.

❺ Tunnel
Altri tre tunnel seguono in rapida successione – qui è utile tirar fuori la torcia. Il più lungo è il secondo, che a un certo punto fa una curva, pertanto all'imbocco non ne vedrete l'uscita. Illuminate bene il terreno, molto irregolare, puntando la torcia a circa 5 m da voi e mantenete la testa bassa.

❻ Birdwatching
La presenza degli uccelli è un altro motivo di fascino dell'itinerario. Non solo lungo questa levada i fringuelli hanno imparato quant'è buono il *bolo do caco* e verranno a beccare il pane sbriciolato dalla vostra mano tesa. Altri uccelli che potrete avvistare sono il piccione trocaz, il fiorrancino di Madeira, la ballerina gialla e la poiana.

❼ Caldeirão Verde
Poco dopo aver superato l'ultimo tunnel, appare, sulla sinistra, il Caldeirão Verde. Il 'calderone verde' è uno dei luoghi più belli dell'isola di Madeira: una cascata che si getta in un lago da un'altezza di circa 100 m, circondata da un imponente anfiteatro di vegetazione. Se vi ritroverete da soli sul posto sarà un'esperienza magica.

❽ Proseguire il cammino
Da Caldeirão Verde potete fare marcia indietro e ritornare a Queimadas lungo lo stesso percorso oppure, se avete spirito d'avventura, proseguire fino al Caldeirão do Inferno, profonda gola tra due cime, per raggiungere la quale dovrete attraversare vari tunnel. Dopodiché ritornerete a Quiemadas lungo il tragitto dell'andata.

Vita sull'isola

Escursione a piedi: Rabaçal – Levada do Risco e Levada das 25 Fontes

Lungo il margine meridionale del Paúl da Serra, Rabaçal è il punto di partenza di alcune escursioni tra le più popolari per le comitive dei viaggi organizzati e la gente del posto – è una fra le poche levadas dove potrete incontrare qualche abitante di Funchal in gita. A Rabaçal, luogo idilliaco ricco di sorgenti e cascate, convergono tre levadas. L'itinerario proposto (16 km circa fra andata e ritorno) ne costeggia due.

❶ Trasporti

Non vi sono trasporti pubblici che raggiungano Rabaçal perché nessun autobus percorre la ER110, strada che attraversa la regione disabitata del Paúl da Serra. La soluzione più economica è trovare un passaggio da Calheta; in alternativa bisogna noleggiare un'auto. La strada per Rabaçal che si dirama dalla ER110 è chiusa al traffico: dovrete parcheggiare e scendere a piedi.

CREATIVEDREAM/GETTY IMAGES ©

Escursionista nei pressi di Rabaçal

❷ Rabaçal

Il sentiero PR6 (Levada das 25 Fontes) e il PR6.1 (Levada do Risco) iniziano entrambi a Rabaçal (1064 m). Procedono insieme per circa 16 km, una magnifica escursione a piedi da compiere in giornata. Partite dalle case di Rabaçal seguendo la Levada do Risco, ovvero il canale più alto. Dopo una mezz'ora circa il sentiero si biforca: la diramazione conduce a 25 Fontes.

❸ Cascata do Risco

Superato il bivio, ci vuole soltanto una decina di minuti per arrivare a questa splendida cascata che precipita da un'altezza di 100 m formando un piccolo bacino naturale. È un luogo romantico, specialmente se non si incontrano comitive in marcia lungo il sentiero (calcolate bene l'ora in cui partire). Quando giungerete alla cascata probabilmente sarà ora di pranzo e non c'è posto migliore sull'isola per fare un bel picnic.

❹ Habitat differenti

A quest'altezza sopra il livello del mare ci sono diversi habitat naturali. Predomina la landa, ma ci sono anche aree di laurisilva. In questa zona prosperano l'erica arborea e il mirtillo di Madeira (*Vaccinium padifolium*), e nidifica il piccione trocaz, specie endemica e facile da avvistare grazie alle striature bianconere sul collo.

❺ Ribeira Grande

Ritornate al bivio camminando nuovamente per una decina di minuti. Stavolta imboccate il sentiero lungo la Levada das 25 Fontes. Dopo 20 minuti circa il canale attraversa il letto della Ribeira Grande per restringersi quindi notevolmente, mentre rivoli d'acqua cadono lungo la parete alla vostra sinistra. Procedete con cautela lungo questo tratto.

❻ 25 Fontes

Vi occorrerà più o meno mezz'ora per raggiungere le 25 Fontes, un'altro bacino naturale alimentato da numerose cascate (sembrano comunque meno di 25). Secondo la leggenda, chi osa immergersi in questo bacino è destinato a non riemergerne più. L'acqua che scorre in questo canale va ad alimentare la centrale idroelettrica di Calheta. Dalle 25 Fontes ritornate indietro sui vostri passi fino a Rabaçal.

❼ Terzo sentiero

Sono in pochi a cimentarsi con il terzo sentiero che parte da Rabaçal costeggiando la Levada da Rocha Vermelha. Di sicuro qui non incontrerete i gruppi organizzati che ostruiscono gli altri due percorsi. Proverete la sensazione di addentrarvi in una zona molto remota mentre procedete verso l'interno lungo la valle della Ribeira da Janela, il fiume più lungo dell'isola.

Scoprire

Madeira occidentale

È a ovest di Funchal che il sole di Madeira splende più luminoso: lunghe giornate di luce rischiarano la parte occidentale dell'isola, dove grandi quantità di piccole banane dolci e di uva Malvasia maturano al sole, i paesaggi sono vari e bellissimi e i tramonti memorabili. Le tante cose da vedere e da fare spaziano dalla pesca tradizionale di Câmara de Lobos all'arte contemporanea di Calheta.

In un giorno

Come per altre regioni dell'isola, occorre un'auto per visitarla in un'unica giornata. Prendete la strada lenta che dalla zona degli alberghi di Funchal porta a **Câmara de Lobos** (p102; foto a sinistra), dove forse arriverete in tempo per vedere rientrare l'ultimo peschereccio. Imboccate quindi la Via Rápida (strada costiera meridionale) e raggiungete l'incantevole Ribeira Brava, dove vi attendono il **Museu Etnográfico da Madeira** (p101) e un pranzo sul lungomare al ristorante **Borda D'Agua** (p103).

Una volta ripresa la Via Rápida, la tappa successiva è Calheta. Qui vi stupirete di trovare un museo d'arte contemporanea interessante come la **Casa das Mudas** (p102). Sempre a Calheta, potrete scendere alla spiaggia artificiale per fare un tuffo nell'oceano e bere un caffè.

Tra i posti migliori per ammirare gli spettacolari tramonti atlantici figura **Ponta do Pargo** (p102), la punta più occidentale dell'isola. Parcheggiate l'auto nel villaggio e incamminatevi lungo il sentiero che conduce al faro, dove il sole si immergerà nell'oceano, dando vita a un caleidoscopio di colori.

Il meglio

Musei

Museu Etnográfico da Madeira (p101)

Gratis

Cabo Girão (p101)

Spiagge

Praia da Calheta (p132)

Piscinas Naturais (p132)

Villaggi

Ponta do Sol (p133)

Ribeira Brava (p133)

Paúl do Mar (p133)

Trasporti

Autobus I seguenti autobus della compagnia Rodoeste servono la parte occidentale dell'isola partendo da Funchal: Ribeira Brava, n. 7; Calheta, n. 139; Câmara de Lobos, quasi tutte le linee dirette a ovest; Cabo Girão, n. 7; Ponta do Pargo, n. 100/142.

Descrizioni
Da vedere p101
Pasti p102
Ponta do Pargo
Paúl do Mar
Calheta
Casa das Mudas
Madalena do Mar
Ponta do Sol
Ribeira Brava
Museu Etnográfico da Madeira
Igreja de São Bento
Serra de Água
Passo Encumeada
Valle centrale
Valle centrale
São Vicente
Jardim da Serra
Curral das Freiras
Cabo Girão
Câmara de Lobos
OCEANO ATLANTICO
ER101
ER110
ER110
ER104
VE1
VE4
ER107
A
B
C
D
E
1
2
3
4
1
2
3
4
5
6
7
8
9
0
0
5 miles
10 km

Piattaforma panoramica di Cabo Girão

Da vedere

Museu Etnográfico da Madeira

MUSEO

1 Cartina p100, D3

Le collezioni di quello che è uno tra i musei più interessanti di Madeira illustrano le attività tradizionali della vita isolana, dalla pesca dell'*espada* (pesce sciabola nero) all'intreccio del vimini, dalla produzione vinicola al trasporto su slitte di vimini. Ci sono un vecchio negozio completo di cassa che accetta ancora gli *escudos*, dimostrazioni di attività artigianali e affascinanti mostre temporanee. (Rua de São Francisco 24, Ribeira Brava; interi/bambini €3/gratuito; 9.30-17 mar-ven, 10-12.30 e 13.30-17.30 sab)

Cabo Girão

PUNTO PANORAMICO

2 Cartina p100, E4

Circa 3 km a ovest di Câmara de Lobos le scogliere più alte dell'isola e dell'Europa (580 m) dominano il villaggio e l'oceano. La vista dalla piattaforma panoramica è veramente spettacolare... almeno finché non guardate in basso – il pavimento della nuova piattaforma è di vetro e sporge oltre il ciglio della scogliera: mozzafiato nel senso letterale del termine! (24h)

Igreja de São Bento

CHIESA

3 Cartina p100, D4

Sulla piazza in ciottoli al centro di Ribeira Brava sorge questa graziosa chiesa fondata nel XV secolo. Di pianta pressoché quadrata, ha un interno a

Vita in città

Ponta do Pargo

Ponta do Pargo (cartina p100, A1; Red Snapper Point) è la punta più occidentale di Madeira. Dal villaggio parte un sentiero di 2 km che conduce al faro: la vista sull'Atlantico è formidabile, soprattutto all'ora del tramonto.

tre navate, separate da grandi archi gotici a sesto acuto che tendono verso un soffitto curvo a cassettoni. Da qui pendono due enormi lampadari di cristallo, la caratteristica più notevole della chiesa. (www.igrejarbrava.com; Rua dos Camachos, Ribeira Brava; 8-18 lun-sab, a partire dalle 7 dom)

Câmara de Lobos VILLAGGIO

4 Cartina p100, E4

Tutti coloro che visitano Funchal prima o poi capitano nel villaggio di pescatori situato alle porte del capoluogo, chi al termine di un'escursione a piedi, chi a bordo di un pullman scoperto che scende da Cabo Girão e chi nel corso di un tour dell'isola. Câmara de Lobos è il centro dell'industria della pesca tradizionale di Madeira. Di giorno vedrete le barche variopinte tirate in secco nel porticciolo e i pescatori seduti nei minuscoli bar. (www.cm-camaradelobos.pt; Câmara de Lobos)

Casa das Mudas MUSEO D'ARTE

5 Cartina p100, B2

Pare quasi una miniera a cielo aperto l'edificio a monte di Calheta che ospita questo museo d'arte contemporanea con negozio, caffè, auditorium e laboratori. Merita salire fin qui dalla spiaggia per vedere le mostre temporanee o anche solo la struttura progettata da Paulo David. (Estrada Simão Gonçalves da Câmara 37, Calheta; ingresso €5; 10-18 mar-dom)

Pasti

Vila do Peixe CUCINA DI MARE €€

Arredato in stile contemporaneo, il miglior ristorante di Câmara de Lobos (v. 4 cartina p100, E4) offre pesce e frutti di mare di qualità eccelsa. Il pesce pappagallo, il *pagello*, la *dourada* (orata) e l'*espada* sono venduti a peso, leggermente salati e grigliati alla perfezione su tizzoni d'acacia. Si gustano anche patelle, buccini e di tanto in tanto il polpo. Il mercoledì la serata è dedicata al 'folklore', il venerdì si ascolta il fado. Un autobus navetta gratuito fa servizio da/per qualunque albergo. (291 099 909; www.viladopeixe.com; Rua Dr João Abel de Freitas 30A, Câmara de Lobos; portate principali €5-15; 12-23)

Quinta da Serra INTERNAZIONALE €€€

6 Cartina p100, E3

Ristorante del lussuoso Hotel Quinta da Serra, con uno chef francese che propone un fantasioso menu di piatti internazionali. In cucina usa solo ingredienti biologici – è il primo a Madeira. Elegante la sala da pranzo, impeccabile il servizio. (291 640 120; www.hotelquintadaserra.com; Estrada do Chote 4/6, Jardim da Serra; 13-15 e 18.30-22)

Vila da Carne
PORTOGHESE €€

Il gemello del Vila do Peixe è il ristorante 'Città della carne' (v.4 cartina p100, E4), specializzato in *espetada* (cubi di manzo conditi con sale, aglio e alloro, infilzati su un ramo verde d'alloro e grigliati su tizzoni d'acacia). Le patate dolci alla melassa e il *milho frito* (cubetti fritti di polenta di mais) sono contorni tipici di Madeira. (Rua Dr João Abel Freitas 30, Câmara de Lobos; portate principali €9-14; 12-23)

Convento das Vinhas
MADEIRENSE, INTERNAZIONALE €€

7 Cartina p100, B2

Ristorante a gestione familiare in posizione super panoramica, a monte di Calheta. Offre ottimi piatti madeirensi e internazionali, ma è anche uno dei pochi posti a Madeira dove si può ordinare una prelibatezza come le *ovas de espada* – uova di pesce sciabola nero. (Caminho Lombo do Salão 35, Calheta; portate principali €7-13; 11-23 lun-sab, fino alle 22 dom)

Borda D'Agua
PORTOGHESE €€

8 Cartina p100, D3

Locale in riva al mare (come suggerisce il nome), che di giorno è perfetto per un caffè o un panino, da consumare all'aperto, mentre la sera invita ad accomodarsi nella sala interna, più formale, per gustare una buona cena a base di pesce. Il menu offre sia specialità madeirensi sia pizze e panini, *poncha* e vini rossi portoghesi come bevande. (291 957 697; Rua Pereira Ribeiro, Ribeira Brava; portate principali €7,50-18; 8-23)

Muralha
PORTOGHESE €€

9 Cartina p100, D3

Sopra la baia si trova questo tranquillo ristorante con dehors, un edificio squadrato di colore rosso arredato con tradizionali arnesi da pesca. Il menu propone una scelta di carni e pesci alla griglia, come *espetada* di manzo o trancio di tonno, oppure il merluzzo arrosto con scampi e cozze. (291 952 592; Estrada Regional 220 1, Ribeira Brava; portate principali €9-16,50; 11-24 dom e mar-gio, fino alle 2 ven e sab)

Conoscere

I pescatori di Câmara de Lobos

Il pesce simbolo di Madeira è il lungo *espada* (pesce sciabola nero) che viene catturato di notte dai pescatori di Câmara de Lobos. Capita di vederli in giro per i bar del villaggio intenti a trangugiare pericolose quantità di *poncha* (bevanda a base di acquavite di zucchero di canna) prima di recarsi alla piccola Capela de Nossa Senhora da Conceição e pregare per una notte di mare tranquillo. Rientrati all'alba, vanno a vendere il pesce ai mercati e ai ristoranti dell'isola. Dopodiché i pescatori di Câmara de Lobos ritornano nei bar per festeggiare l'ennesima battaglia vinta contro l'Atlantico.

Scoprire

Montagne dell'entroterra

In soli 12 km le montagne di Madeira si innalzano dal livello del mare fino a oltre 1800 m d'altezza, dando vita alla cosiddetta 'realtà verticale' dell'isola. Le aguzze vette basaltiche, le profonde incisioni vallive e le gole abissali fanno da cornice alle levadas più belle e ai sentieri a lunga percorrenza più entusiasmanti dell'isola, un territorio che invita all'avventura nel senso letterale del termine.

In un giorno

Per visitare l'entroterra montuoso dell'isola vi servirà un'auto e una giornata che inizia molto presto e finisce tardi. La prima tappa sarà la cima del **Pico do Arieiro** (p109), dove arriverete in tempo per ammirare il sorgere del sole e il meraviglioso panorama. Una volta imboccata la discesa, girate a sinistra all'altezza di Poiso e raggiungete Ribeiro Frio per bere un caffè e dare un'occhiata all'**allevamento di trote** (p110).

Dovrete poi ritornare fino a Monte per trovare la strada per **Curral das Freiras** (p106). Dopo aver osservato la posizione strepitosa del villaggio, proseguite per **Vale das Freiras** (p111) dove pranzerete gustando le specialità a base di castagne locali. A metà pomeriggio tornerete ancora una volta a Santo António, dove prenderete la strada per Ribeira Brava e la valle centrale. Il punto più elevato della valle è **Encumeada** (p109), da dove partono alcuni sentieri a lunga percorrenza.

Da Encumeada salite sul **Paúl da Serra** (p111), un altopiano dall'aspetto inquietante, frequentato da pochissimi turisti. Da qui, in meno di un'ora, potrete rientrare a Funchal in tempo per la cena.

Da non perdere

Curral das Freiras (p106)

Il meglio

Escursioni a piedi

Dal Pico do Arieiro al Pico Ruivo (p118)

Da Boca da Corrida a Encumeada (p120)

Villaggi

Serra de Água (p133)

Madalena do Mar (p133)

Ribeiro Frio (p133)

Per i bambini

Allevamento di trote di Ribeiro Frio (p110)

Trasporti

Autobus I seguenti autobus servono le montagne dell'entroterra partendo da Funchal: Curral das Freiras, autobus Horários do Funchal n. 81; Ribeiro Frio, autobus Horários do Funchal n. 56; Encumeada, autobus Rodoeste n. 6 e n. 139.

Da non perdere
Curral das Freiras

Molti viaggiatori scelgono di fare la gita in giornata da Funchal a Curral das Freiras (Valle delle Monache), che al fascino delle maestose montagne di Madeira unisce piacevoli escursioni a piedi, la possibilità di assaggiare le specialità locali e l'ospitalità della gente del posto. Con una breve e ripida corsa in autobus dal lungomare di Funchal si raggiunge il villaggio incastonato in un grande anfiteatro vulcanico. Curral das Freiras è rinomato per le castagne e per la *ginja*, liquore all'amarena che spesso viene servito in bicchierini di cioccolato fondente.

Cartina p108, C3

www.jf-curraldasfreiras.pt

Curral das Freiras

In primo piano

Escursione a piedi da Eira do Serrado

Il modo più scenografico per raggiungere Curral das Freiras è prendere l'autobus fino a Eira do Serrado, punto panoramico a 1094 m sopra il livello del mare, e da lì scendere a piedi verso il villaggio. Dopo aver ammirato il panorama assolutamente fantastico del fondovalle (circa 700 m più sotto), prendete il sentiero che inizia dietro l'albergo e i chioschi di souvenir, procedendo in discesa per 4,5 km (circa due ore), per lo più lungo comodi gradoni di pietra. Lungo il cammino s'incontrano affioramenti di roccia vulcanica (punti ideali per un picnic) e alberi di eucalipto e di canfora che profumano l'aria.

Castagne

Una volta arrivati a Curral das Freiras non c'è modo migliore di concludere la camminata se non con un buon pranzo a base di specialità locali. Le castagne si raccolgono fra ottobre e gennaio, ma sono disponibili tutto l'anno come ingrediente di zuppe, pane, biscotti, torte, dolci e liquori. Il villaggio ospita una Festa da Castanha a inizio novembre e rifornisce di castagne gli esercizi turistici di Funchal.

Abitato e dintorni

Una volta rifocillati, merita andare a vedere la graziosa Igreja de Nossa Senhora do Livramento, in posizione spettacolare su una roccia a due passi dalla strada principale. Intorno a Curral das Freiras ci sono insediamenti isolati dove si coltivano ortaggi su terreni che aumentano di pendenza via via che si risale la valle. Chi avesse ancora energie da spendere può affrontare il sentiero, ben più impegnativo del primo, che risale il fianco della montagna a nord del villaggio, collegandosi al sentiero Encumeada-Boca da Corrida.

☑ Consigli

- È senz'altro più comodo camminare in discesa da Eira do Serrado a Curral das Freiras, ma c'è anche chi percorre il tragitto al contrario, in salita.
- Il sentiero che va da Eira do Serrado a Curral das Freiras è sicuro, ma dopo una forte pioggia va percorso con prudenza.
- Gli autobus del mattino fermano a Eira do Serrado, quelli successivi invece saltano questa fermata.
- L'ultimo autobus per Funchal parte da Curral das Freiras la sera tardi, quindi non si rischia di restare bloccati in paese.

Una pausa

Sabores do Curral (p111) è un ottimo ristorante, di recente apertura, che si rivolge a una clientela di buongustai. In alternativa, il Vale das Freiras (p111) offre un menu di piatti tradizionali a base di castagne.

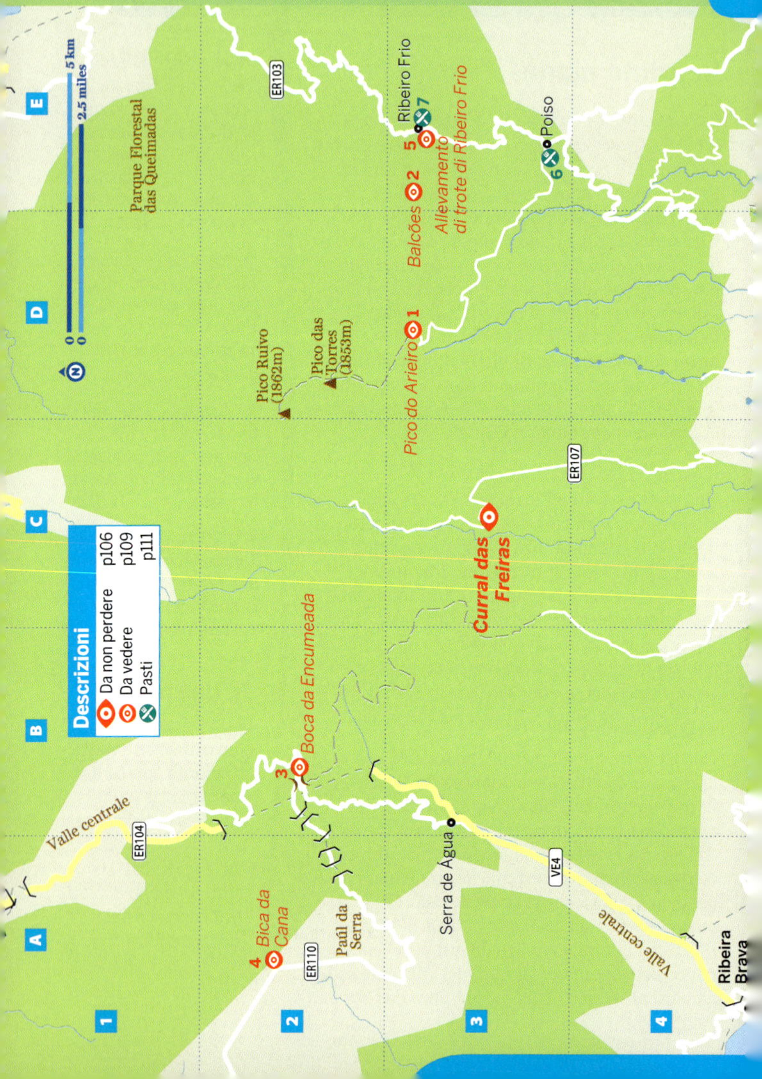

A
B
C
D
E
1
2
3
4
0
5 km
0
2.5 miles
Descrizioni
Da non perdere p106
Da vedere p109
Pasti p111
Parque Florestal das Queimadas
Pico Ruivo (1862m)
Pico das Torres (1853m)
1 Pico do Arieiro
2 Balcões
3 Boca da Encumeada
4 Bica da Cana
5 Allevamento di trote di Ribeiro Frio
6
7
Ribeiro Frio
Poiso
Curral das Freiras
ER103
ER107
ER104
ER110
VE4
Valle centrale
Valle centrale
Paúl da Serra
Serra de Água
Ribeira Brava

Allevamento di trote di Ribeiro Frio (p110)

Da vedere

Pico do Arieiro

MONTAGNA

1 Cartina p108, D3

In auto si può raggiungere la cima del Pico do Arieiro (terza vetta di Madeira), dove ci sono un caffè, una stazione radar dell'Aeronautica militare portoghese e una vista stupenda. Venite qui per assistere al sorgere del sole, anche se non vi godrete lo spettacolo da soli.

Balcões

PUNTO PANORAMICO

2 Cartina p108, E3

Un sentiero facile e ben segnalato sale per 1,5 km da Ribeiro Frio a Balcões (letteralmente 'balconi'), uno dei punti panoramici più spettacolari di tutta l'isola: da qui lo sguardo spazia sulle vette più alte di Madeira, l'anfiteatro vulcanico sottostante e poi sull'Atlantico fino all'isola di Porto Santo. A metà del sentiero si incontra uno snack bar. (Ribeiro Frio)

Boca da Encumeada

PASSO

3 Cartina p108, B2

Il Passo Encumeada sorge tra due valli profonde che praticamente dividono l'isola a metà. Da questa posizione, a 1083 m sul livello del mare, si vede sia la costa settentrionale sia quella meridionale. È anche il punto da cui partono diversi sentieri e itinerari a lunga percorrenza. Da quando è stato realizzato il tunnel sotto il passo, il 99% del traffico evita il valico. (ER105, Encumeada)

Bica da Cana
PUNTO PANORAMICO

4 Cartina p108, A2

Sopra la valle centrale, all'estremità orientale dell'altopiano Paúl da Serra, Bica da Cana offre un bellissimo panorama sulla valle e le vette più alte di Madeira, ma è anche un buon posto dove fare un picnic. Le turbine eoliche installate in un punto così visibile hanno suscitato qualche protesta. (ER110)

Allevamento di trote di Ribeiro Frio
ALLEVAMENTO

5 Cartina p108, E3

Ribeiro Frio è il punto da cui partono alcuni splendidi sentieri di montagna, ma anche la sede dell'allevamento di trote più visitato al mondo. Ne vedrete centinaia intente a inseguirsi nelle grandi vasche rotonde alimentate dall'acqua gelata trasportata dalla levada. È severamente vietato dar da mangiare ai pesci. (Ribeiro Frio; ingresso libero; 24 h)

Conoscere

Il complicato sistema dei trasporti di Madeira

Mentre imboccate uno dei moderni tunnel stradali di Madeira rivolgete un pensiero a quanti hanno vissuto qui prima di voi. Fino al XX secolo, infatti, la maggior parte dell'isola era priva di strade. Ci si spostava a piedi oppure su slitte trainate da buoi. Le slitte in vimini di Monte sono le uniche vestigia di questo antico mezzo di trasporto. Bisogna sapere infatti che nel XVIII e nel XIX secolo i signori benestanti di Funchal venivano trasportati su portantine.

Soltanto quando Funchal iniziò a contare un congruo numero di automobili furono costruite le prime strade asfaltate. E che strade! Saper fare una partenza in salita è essenziale da queste parti, come dimostrano gli abilissimi conducenti di autobus di Funchal.

Le strade servono ormai buona parte dell'isola, anche se ci sono ancora località accessibili unicamente in funivia: i *teleféricos* più noti fanno la spola tra la Zona Velha, Monte e il giardino botanico, ma ce ne sono anche altri lungo la costa. Spesso raggiungono campi coltivati o spiagge.

Fino al 1964 Madeira era raggiungibile solo in nave o idrovolante. L'aeroporto di Santa Catarina fu costruito proprio quell'anno: la pista molto corta e circondata da montagne su tre lati divenne nota ben presto come una tra le più pericolose del mondo. Nel 2002 la pista fu ampliata, passando da 1600 m a 2780 m, con un prolungamento sospeso su una serie di piloni in cemento armato.

Di pari importanza è la Via Rápida, l'autostrada costruita circa dieci anni fa tra Machico e Ribeira Brava, che ha ridotto enormemente i tempi di viaggio e che nei prossimi anni sarà prolungata fino a Calheta.

Pasti

Sabores do Curral
MADEIRENSE €€

Aperto di recente, questo ristorante arricchisce l'offerta gastronomica di Curral das Freiras (v. cartina p108, C3). Dopo aver ammirato lo strepitoso panorama, dedicatevi allo studio del menu che prevede pochi piatti, ma preparati molto bene, ispirati alle ricette tradizionali di Madeira – a base di carne e pesce. Iniziate il pasto con un bicchierino di *ginja* (liquore all'amarena) locale. (Caminho da Igreja 1, Curral das Freiras; portate principali €8-15; 9-19 mar-dom)

Casa de Abrigo do Poiso
PORTOGHESE, MADEIRENSE €€

6 Cartina p108, E3

All'altezza del bivio per Pico do Arieiro, sulla ER 103, si trova questo rustico rifugio di montagna, facilmente raggiungibile in auto da Funchal, che serve piatti tipici portoghesi e madeirensi in una sala da pranzo accogliente e un po' all'antica. È il posto perfetto per recuperare le energie dopo un'escursione in collina, ordinando un paio di bicchierini di *poncha* e una buona zuppa di pomodoro. (www.casaabrigopoiso.ondebiz.com; ER 103, Poiso, Camacha; portate principali €8-15; 20.30-24 lun, 8.30-24 mar-gio e dom, 20.30-2 ven e sab)

Restaurante Ribeiro Frio
MADEIRENSE €€

7 Cartina p108, E3

Invitante rifugio dove far tappa prima o dopo una camminata, ideale sia per un pasto completo sia per un caffè e un dolce mentre si aspetta l'autobus per Funchal. Con l'allevamento di trote a due passi, non stupisce che il menu privilegi questo pesce d'acqua dolce. Gli interni in legno sono riscaldati da stufe in ghisa, l'ambiente ideale dopo una giornata nelle umide levadas (Ribeiro Frio; portate principali €6,50-14.50; 9-19)

> Vita in città
>
> **Paúl da Serra**
>
> Trascurato da gran parte dei turisti, il **Paúl da Serra** (cartina p108, A2) è un altopiano coperto di brughiera e privo di alberi, dove pascolano le uniche mucche di Madeira. L'idea iniziale di trasferire quassù l'aeroporto fu abbandonata, quando si fece il conto dei giorni dell'anno in cui l'altopiano è avvolto dalla nebbia.

Vale das Freiras
MADEIRENSE €€

Curral das Freiras (v. cartina p108, C3) è rinomata per le sue castagne che costituiscono l'ingrediente base di molte pietanze offerte da questo ristorante-caffè. Il menu propone zuppa di castagne, pane, dolci e liquore alle castagne, ma anche semplici castagne arrostite, oltre ad altri piatti tipici di Madeira. A fine pasto la casa offre a tutti un bicchierino di liquore alle castagne e il negozio adiacente vende... avete indovinato, castagne. (Caminho de Padaria 2, Curral das Freiras; portate principali €5-15; 8-22)

Da non perdere
Porto Santo

Trasporti

Porto Santo Line garantisce un traghetto giornaliero in entrambe le direzioni. (Solo andata venerdì, eccetto in agosto).

Aero VIP effettua quattro voli al giorno da Madeira (25 minuti; €175 andata e ritorno).

Madeira è l'isola maggiore dell'arcipelago omonimo, di cui fanno parte anche alcune isole disabitate – le Isole Deserte (Ilhas Desertas) e le Isole Selvagge (Ilhas Selvagens) – e Porto Santo, isola situata 40 km a nord-est di Madeira e abitata da una popolazione di circa 5500 abitanti. Lunga appena 14 km e larga 8 km, Porto Santo è molto diversa da Madeira: arida e priva di grandi rilievi, vanta una spiaggia di sabbia dorata tra le più belle d'Europa – la ragione principale per cui merita visitare l'isola.

Vista dalla clubhouse del Porto Santo Golfe (p114)

In primo piano

Pernottare sull'isola

Prendendo il piccolo traghetto al mattino e rientrando la sera è possibile visitare Porto Santo in giornata, come pubblicizzano le agenzie. Tuttavia, per godersi sul serio questo remoto avamposto portoghese, conviene fermarsi almeno per una notte. Così si può trascorrere un giorno in spiaggia e l'altro esplorando l'isola in bicicletta o in scooter. Tra i tanti alberghi vicini a Vila Baleira, ce ne sono alcuni che al di fuori dei mesi estivi offrono pacchetti molto convenienti. A Vila Baleira c'è anche il campeggio più grande dell'arcipelago (in tutto ce ne sono solo due!), ma occorre avere la tenda.

Vila Baleira

L'unico insediamento vero e proprio è Vila Baleira, sonnolento borgo dove troverete un **turismo** (ufficio turistico; ☎291 985 244; Avenida Dr Manuel Gregório Pestana Junior; 🕘9-17.30 lun-ven, 10-12.30 sab) e tutti i servizi dell'isola. Fondato nel 1419 da Bartolomeu Perestrelo, primo governatore locale, è uno dei centri abitati più antichi dell'arcipelago. Sul grazioso Largo do Pelhourinho si affacciano una bella chiesa d'epoca e vari caffè all'aperto.

La spiaggia

Lunga circa 7,5 km, la spiaggia di Porto Santo si estende dal porto dei traghetti fino a Ponta da Calheta, la punta più meridionale dell'isola. A dir poco spettacolare, viene sempre citata fra le 10 spiagge di sabbia più belle d'Europa (a rigore, però, non è in Europa). I granelli più grandi sono minuscoli frammenti di corallo, ciò che resta di barriere coralline risalenti a 20 milioni di anni fa. Alle spalle della spiaggia che digrada dolcemente nell'oceano ci sono coni vulcanici estinti ormai da tempo. È qui che vorrete restare fino alla partenza del traghetto. In estate è frequentata da famiglie portoghesi, in inverno l'avrete tutta per voi.

Capoluogo: Vila Baleira

www.porto-santo.com

☑ Consigli

- Il traghetto per Porto Santo spesso viene cancellato a causa del maltempo – non sono previsti rimborsi, ma si può effettuare una nuova prenotazione.
- Conviene visitare l'isola nei mesi estivi: l'atmosfera è più vivace.
- Sull'isola si possono noleggiare auto e scooter (sul lungomare di Vila Baleira): non occorre imbarcare l'auto noleggiata a Madeira.

Una pausa

Pé na Água (Sítio das Pedras Pretas, Vila Baleia; 🕘11-23) è un bar-ristorante sulla spiaggia a ovest di Vila Baleira, che serve pesce, bistecche e pasta. Il **Baiana** (Largo do Pelhourinho, Vila Baleia; 🕘9-1), sulla piazza di Vila Baleira, è un ristorante informale, molto frequentato e apprezzato per le generose porzioni di frutti di mare.

Casa di Colombo

Nella **Casa Museu Colombo** (www.museucolombo-portosanto.com; Travessa da Sacristia 2/4, Vila Baleira; ingresso €2; ⏲10-12 e 14-17.30 mar-sab, 10-13 dom ott-giu, fino alle 19 mar-sab lug-set), a due passi dal Largo do Pelhourinho, pare abbia abitato Cristoforo Colombo. Il museo presenta una mostra sulla colonizzazione del Nuovo Mondo e sui viaggi di Colombo, ma, poiché non vi sono prove che il navigatore genovese abbia davvero vissuto in questa casa, le informazioni sono un po' vaghe, basate più sulla leggenda che su dati storici.

Picchi vulcanici

Porto Santo è un'isola molto più antica di Madeira (di circa 13 milioni di anni): piogge e venti hanno modellato i vulcani emersi dall'Atlantico disegnando forme curiose. Dal più alto, il **Pico do Facho** (516 m) a nord-est di Vila Baleira, si accendevano fuochi per comunicare un imminente attacco pirata. Si può salire sul **Pico Castelo** (437 m) a nord del capoluogo e sul **Pico de Ana Ferreira** (283 m) nell'estremo sud-ovest dell'isola, ammirando panorami stupendi della Macaronesia.

Il resto dell'isola

Con una bicicletta, uno scooter o un'auto a noleggio si esplora l'isola in due ore. L'aeroporto è uno strano spettacolo, che si estende quasi per tutta la larghezza dell'isola! Il **Porto Santo Golfe** (☎291 983 778; www.portosantogolfe.com; Sítio das Marinhas; 9 buche €40, 18 buche €72) è il miglior campo da golf dell'arcipelago. Disegnato da Severiano Ballestero, è tra i 100 migliori campi da golf del mondo. Il **Miradouro da Portela**, a due ore e mezzo di cammino da Vila Baleira, è un belvedere che domina tutta l'isola – per i dettagli rivolgetevi all'ufficio turistico.

Conoscere

Cristoforo Colombo a Porto Santo

L'immagine romantica creata dalla leggenda locale vede Cristoforo Colombo ventisettenne a passeggio sulla bellissima spiaggia di Porto Santo, intento a raccogliere semi esotici portati a riva dall'Atlantico e a scrutare l'orizzonte fantasticando su eventuali terre di là dal mare...

Ma cosa condusse a Porto Santo l'uomo che in seguito avrebbe scoperto l'America? Incaricato di acquistare zucchero a Madeira da una società mercantile di Lisbona, Colombo sbarcò a Funchal nel 1478. È probabile che già conoscesse il governatore di Porto Santo, Bartolomeu Perestrelo II, figlio del primo governatore dell'isola, che aveva precedentemente incontrato a Genova. Lo stesso anno Colombo avrebbe sposato sua figlia, Dona Felipa Moniz, trasferendosi sull'isola di Porto Santo. L'anno seguente fu quello della tragedia, poiché Felipa morì insieme al loro primogenito. Colombo salpò di lì a poco e il resto, come dicono da queste parti, è *história*.

Pico de Facho (516m)
Pico Castelo (437m)
Porto dei traghetti
Aeroporto
VILA BALEIRA
Spiaggia
Porto Santo Golfe
Pico de Ana Ferreira (283m)
Ilhéu de Baixo
OCEANO ATLANTICO
0 2 km
0 1 mile

ADEIRA

Il meglio di Madeira

Itinerari a piedi

Dal Pico do Arieiro al Pico Ruivo....118
Da Boca da Corrida
a Encumeada....................120
Ponta de São Lourenço........... 122

Il meglio

Pasti......................... 124
Locali e vita notturna............ 126
Shopping 127
Musei e gallerie................ 128
Tour 129
Per i bambini 130
Feste ed eventi 131
Spiagge e bagni in mare.......... 132
Villaggi 133
Madeira gratis.................. 134
Degustazioni.................... 135
Parchi e giardini 136

I tradizionali cappelli di paglia dei *carreiros* di Monte (p68)
MERTEN SNIJDERS/GETTY IMAGES ©

Itinerari a piedi
Dal Pico do Arieiro al Pico Ruivo

Itinerario

Probabilmente è l'itinerario a piedi più bello di Madeira, un'escursione in montagna, a tratti impegnativa, che tocca le tre vette più alte dell'isola: il Pico do Arieiro, il Pico Ruivo e il Pico das Torres. In quota i panorami sono sensazionali, ma occorre essere attrezzati: calzature robuste, abiti caldi, una torcia, scorte d'acqua e di cibo. Ingaggiare una guida non è indispensabile, ma è consigliato visto il pericolo di caduta massi. Un'escursione organizzata risolve il problema del trasporto per il Pico do Arieiro e da Achada do Teixeira (il punto più vicino al Pico Ruivo accessibile in automobile).

Inizio Pico do Arieiro

Fine Pico Ruivo

Lunghezza 8,6 km; 4 h

Una pausa

Il bar a Pico do Arieiro vende hot-dog, sandwich e bevande. Il rifugio del Pico Ruivo vende bevande ma poco cibo. Portate l'occorrente per un picnic.

Escursionisti vicino alla sommità del Pico Ruivo

1 Pico do Arieiro

Al mattino presto non si è mai soli in cima alla terza vetta di Madeira (1818 m). C'è chi fa colazione nel caffè con la miglior vista panoramica dell'isola, chi sistema lo zaino e chi scatta fotografie delle montagne circostanti. Sono tutti qui per il PR1, il sentiero che sale sul Pico Ruivo.

2 Ninho da Manta

Dopo circa 20 minuti di cammino, quasi tutti fanno una sosta al Ninho da Manta o Nido della Poiana, un *miradouro* (belvedere) che domina la Penha D'Aguía (Rupe dell'Aquila), una grande rupe costiera la cui sagoma si dice assomigli a una testa d'acquila (non da quassù, però).

3 Túnel do Pico do Gato

Trascorsi più o meno 45 minuti ecco che torna utile la torcia. Potrete così farvi strada nell'oscurità pressoché totale del primo tunnel lungo il sentiero. Il Pico do Gato – Cima del Gatto – è la montagna che vedrete all'uscita del tunnel.

❹ Bivio

In capo a un'ora il sentiero si biforca. A sinistra c'è il percorso più facile che attraversa vari tunnel. A destra c'è il sentiero più lungo e impegnativo. Noi andiamo a destra.

❺ Pico das Torres

Dopo una lunga salita, una spaccatura nella roccia a circa un'ora e 40 minuti di cammino annuncia che siete arrivati al Pico das Torres (1853 m), la seconda vetta più alta di Madeira. Da qui potrete vedere la vostra meta, ovvero il Pico Ruivo e il suo rifugio: sembrano vicini, ma distano ancora due ore di cammino.

❻ Nel tunnel

Quando avrete due ore e mezzo di cammino alle spalle, giungerete a un secondo bivio. Stavolta la scelta è obbligata: una barriera impedisce infatti l'accesso al vecchio sentiero, distrutto qualche anno fa da una frana. Imboccate il tunnel per procedere sul nuovo sentiero.

❼ Pico Ruivo

Dopo tre ore e 40 minuti di cammino dovreste aver raggiunto il rifugio di montagna ai piedi del Pico Ruivo. Molti escursionisti si fermano qui, ma la vetta dista solo mezzo chilometro e merita di essere raggiunta per la splendida vista, la più spettacolare di tutta Madeira.

Itinerari a piedi
Da Boca da Corrida a Encumeada

Itinerario

Facilmente raggiungibile in autobus da Funchal, questo bellissimo sentiero si snoda lungo un paesaggio montuoso senza implicare grandi salite. Chiamato Caminho Real da Encumeada (Sentiero Reale dell'Encumeada; PR12), era una delle principali piste per cavalli che attraversavano l'isola prima della costruzione delle strade. Il percorso, ben tenuto e ben segnalato, costeggia la base di alcune tra le vette più alte di Madeira, superando il limite della vegetazione arborea – la mancanza d'ombra è un problema se c'è il sole: portate una crema protettiva. L'itinerario è sconsigliato se sono previsti pioggia o vento forte.

Inizio Boca da Corrida

Fine Encumeada

Lunghezza 12,5 km; 4 h

Una pausa

Portate l'occorrente un picnic: non ci sono punti di ristoro prima di Encumeada.

GUIZIOU FRANCK / HEMISPICTURE.COM/GETTY IMAGES ©

Montagne e valli intorno al Passo Encumeada

1 Corrida

Al mattino l'autobus Rodoeste n. 96 prevede due corse per Corrida da Funchal. Il tragitto, che dopo Câmara de Lobos è una salita pressoché verticale, si rivela una partenza corroborante. L'autobus fa scendere gli escursionisti (non sarete soli) a un capolinea solitario: da qui si sale lungo una ripida strada asfaltata che porta all'inizio del sentiero.

2 Boca da Corrida

Si impiega una buona mezz'ora per raggiungere Boca da Corrida, il punto di partenza del nostro itinerario. Qui troverete una piccola cappella e il panorama della grande valle, in cima alla quale sorge il villaggio di Curral das Freiras. Godetevi il panorama prima di incamminarvi lungo il sentiero PR12 (segnalato).

3 Boca de Cerro

Sarà probabilmente ora di pranzo quando giungerete alla Boca de Cerro (un'ora e 15 minuti), un buon posto per fare il picnic. Da qui, in alternativa, si può scendere lungo il sentiero mal segnalato diretto a Curral das Freiras, ma è un percorso molto ripido, esposto e sconsigliato ai deboli di cuore.

4 Scarpata di Pico Grande

Superata la Boca de Cerro, il sentiero si restringe ma rimane ben visibile. Trascorsi 90 minuti, si inizia a costeggiare la base della scarpata del Pico Grande, una tra le vette più alte dell'isola. In marzo fiorisce il ginestrone che tinge di giallo interi pendii.

5 Valle Ribeira do Poço

Da Pico Grande il sentiero inizia la discesa verso Encumeada. Dopo circa due ore e 30 minuti si entra nella valle Ribeira do Poço, una distesa di vegetazione lussureggiante in forte contrasto con il paesaggio roccioso visto fin qui. Un ponte di pietra attraversa il fiume.

6 Encumeada

Il sentiero procede sinuoso giù per la valle fino a diventare una pista. Questa conduce alla strada principale, che poi attraversa il Passo Encumeada.

Da qui potrete scendere al Residencial Encumeada per bere un caffè e prendere l'autobus per Funchal (Rodoeste n. 6 o 139). Controllate gli orari prima di partire da Funchal.

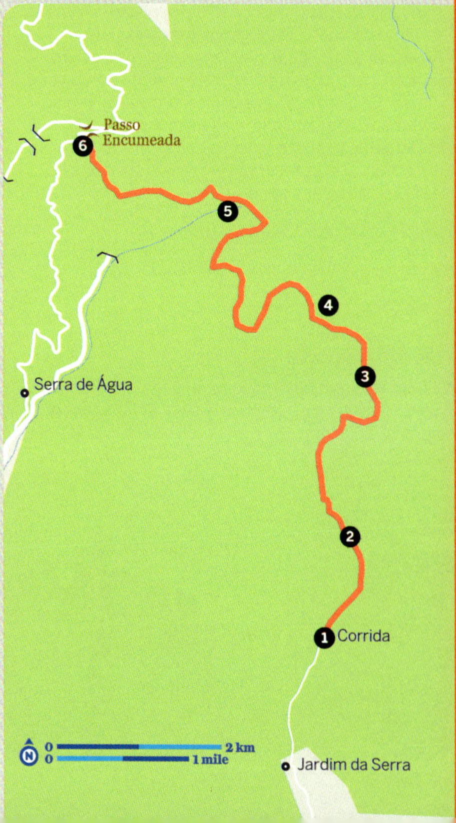

Itinerari a piedi
Ponta de São Lourenço

Itinerario

Il sentiero (andata e ritorno lungo lo stesso tragitto) che si snoda lungo la penisola di Ponta de São Lourenço, l'estrema punta orientale di Madeira, è molto diverso da quelli che seguono le levadas. Molti tratti sono in salita e in discesa e del tutto privi di ombra, dal momento che praticamente non ci sono alberi. L'assenza di vegetazione si traduce in vasti panorami atlantici, che in alcuni punti vi lasceranno letteralmente senza fiato. Le bellissime vedute con il bel tempo attirano molti escursionisti: non è il luogo adatto per i solitari.

Inizio Baía D'Abra; autobus SAM n. 113

Fine Baía D'Abra; autobus SAM n. 113

Lunghezza 8 km; 4 h

Una pausa

Lungo il cammino ci sono molti punti panoramici ideali per un picnic: conviene senz'altro optare per questa soluzione.

Scogliere presso Ponta de São Lourenço

❶ Baía d'Abra

Autobus e taxi lasciano gli escursionisti al parcheggio della Baía D'Abra, dove c'è una cartina del sentiero (PR8) e poco altro. Non ci sono punti di ristoro né chioschi di souvenir, nonostante il gran numero di visitatori.

❷ Un tuffo

Dopo 15-20 minuti di cammino si raggiunge un incrocio. Girate a destra e seguite il sentiero accidentato che scende a una spiaggia appartata. Al mattino l'avrete tutta per voi, insieme alla vista delle Isole Deserte.

❸ Penha do cavalo marinho

Lasciate la spiaggia e riprendete la marcia. Nel tratto finale di questo sentiero avrete una splendida vista della 'roccia del cavalluccio marino', un affioramento di roccia vulcanica dalle forme contorte che si erge solitario dal mare: i colori rosso e grigio della roccia creano un contrasto fotogenico con la spuma bianca dei frangenti.

❹ A sinistra o a destra?

Un cartello informativo illustra in dettaglio l'area protetta che state attraversando e segna l'inizio/la fine del circuito che delimita la parte accessibile della penisola. Non importa se andate da una parte o dall'altra perché alla fine ritornerete qui. Noi andiamo a sinistra.

❺ Cais do Sardinha

Costruita nel 1905 da Manuel Bettencourt Sardinha come casa di vacanza, questa graziosa casetta fu venduta dalla nipote al governo regionale nel 1996 e oggi funge da centro informazioni dell'area protetta. I tavoli da picnic all'ombra delle palme sono ideali per la sosta del pranzo.

❻ Morro do Furado

Alle spalle del Cais do Sardinha s'innalza il Morro do Furado, grande collina che segna la fine del tratto accessibile della penisola. Salire fino in cima è un po' una scarpinata, anche perché il terreno è molto irregolare e sdrucciolevole, ma la vista dell'oceano dall'alto è magnifica. Nei giorni di cielo terso, si vede distintamente l'isola di Porto Santo in direzione nord.

❼ Molo e spiaggia

Tornando indietro, superata la postazione di birdwatching, c'è un breve sentiero che scende a una spiaggetta con un molo, luogo appartato anche quando il sentiero è frequentato. È permesso nuotare e fare immersioni. Ritornate poi sui vostri passi fino alla Baía d'Abra.

Il meglio
Pasti

Sedersi a tavola è una delle gioie del viaggio a Madeira. In passato i turisti lamentavano la scarsa varietà dei piatti, ma oggi giovani chef ravvivano la gastronomia locale con tocchi di fantasia in linea con le tendenze della cucina continentale. I ristoranti sono di buon livello ovunque; per un boccone veloce ci sono caffè economici, gestiti in proprio.

MARIUSZ PRUSACZYK/GETTY IMAGES ©

Cucina di mare

Pesce e frutti di mare sono la preziosa materia prima dell'isola, ma alcuni ristoranti servono anche crostacei, scampi, salmone e altri pesci d'importazione. Le patelle sono l'unico mollusco autoctono di Madeira.

Espada versus espetada

L'*espada* (pesce sciabola nero) è il pesce simile all'anguilla che attirerà la vostra attenzione al Mercado dos Lavradores. Pescata di notte nelle profondità dell'Atlantico, questa creatura dagli occhi gelatinosi e dai denti affilati è più buona di quel che si pensi. Potrete gustarla solo a Madeira e in qualche costoso ristorante di Lisbona. Molti confondono l'espada con l'*espetada*, che invece consiste in cubi di manzo, marinati in burro, aglio e alloro, infilzati su un ramo di alloro e grigliati su carboni di acacia.

Frutta tropicale

Percorrendo le strade dell'isola, vedrete molti frutti curiosi appesi agli alberi. Tra i più diffusi figurano l'anona, l'ananas-banana, la papaya, il tamarillo (*tomate inglês*) e le piccole banane locali.

Zucchero e spezie

Il *bolo de mel* (torta al miele) ha il sapore del pan di spezie che si mangia a Natale. Altri dolci tipici sono i biscotti allo zucchero di canna, le caramelle all'eucalipto e i *pasteis de nata* (tortine alla crema).

Cucina di mare

Gavião Novo
Uno dei migliori ristoranti di pesce di Funchal, nascosto nel cuore della Zona Velha. (p59)

Maré Alta
Eccellente pesce alla griglia da gustare sul lungomare di Machico. (p86)

Espetadas (spiedini di manzo)

Cucina innovativa

Oficina

Buon locale di Funchal dove mangiare un hamburger vegetariano a pranzo o passare la serata fra cocktail e musica mixata da DJ. (p60)

Hamburgueria do Mercado

Nel nuovo complesso Armazém do Mercado si trova il primo locale di Funchal che offre hamburger da gourmet. (p60)

Boho Bistrô

Piccolo bistrò in una zona molto animata del centro di Funchal. (p40)

Cucina tipica madeirense

O Celeiro

Una taverna tradizionale che propone piatti locali di alta qualità a Funchal. (p40)

Venda da Donna Maria

I piatti di una volta, come li preparavano le nonne, in un originale ristorante della Zona Velha. (p61)

Cantinho da Serra

Genuina cucina tipica in una cornice rustica, vicino a Santana, villaggio della costa settentrionale. (p76)

Alta cucina

La Perla

Prelibatezze per gourmet in un'elegante *quinta* (villa di campagna) a Caniço. (p86)

Il Gallo d'Oro

Uno dei migliori ristoranti di Madeira, come dimostra la sua stella Michelin. (p40)

Il meglio Locali e vita notturna

Fino a pochi anni fa, la vita notturna di Madeira si limitava a una cena con spettacolo al casinò, una puntata al nightclub e qualche bicchierino di *poncha*. I divertimenti si concentrano ancora a Funchal, ma nel frattempo hanno aperto molti nuovi bar che portano l'animazione in strada, anche con DJ attivi fino all'alba nel weekend.

Che cosa si beve a Madeira

A Madeira avrete modo di assaggiare bevande che non troverete da nessun'altra parte. La *poncha* (in foto), bevanda locale molto apprezzata dagli isolani, si dovrebbe sempre preparare sul momento, mescolando solo *aguardente de cana* (acquavite di zucchero di canna), zucchero, miele e succo di limone. Al contrario di quanto dice qualche guida turistica, i madeirensi *non* la bevono per curare il raffreddore! L'*aguardente* pura può indurre un certo stato di ebbrezza, mentre assai più leggera è la *ginja*, liquore dolce di amarena tipico di Curral das Freiras (a volte servito in un bicchierino di cioccolato). La birra Coral è prodotta a Funchal.

Locali

Barreirinha Cafe
Nelle serate tiepide è piacevole sorseggiare una caipirinha ascoltando le onde dell'Atlantico che s'infrangono sugli scogli sottostanti. (p62)

Cafe do Museu
Caffè aperto fino a tardi la sera, sulla graziosa Praça do Município. (p43)

Prince Albert Pub
Il pub inglese aperto da più tempo a Funchal. (p42)

Santa Maria Gin Bar
Un bel bar minimalista, di recente apertura, che offre un'incredibile varietà di gin. (p62)

MERTEN SNIJDERS/GETTY IMAGES ©

Vita notturna

Arsenio's
Locale di Funchal rinomato per la piacevole combinazione di carne alla griglia, vino e musica suonata con il fado. (p64)

Vespas
Ieri come oggi il club più gettonato di Madeira richiama i nottambuli di passaggio sull'isola. (p42)

Casino da Madeira
Cena, spettacolo e un rapido giro di roulette. (p44)

Cafe do Teatro
I DJ accendono le notti del weekend nel vecchio caffè del teatro. (p42)

Copacabana
Club alla moda dove potrete bruciare i guadagni accumulati al vicino casinò. (p42)

Il meglio Shopping

Negli ultimi anni il mercato dei souvenir ha conosciuto un interessante rinnovamento a Madeira. Stanchi di vendere calamite da frigo made-in-China e finte magliette di Ronaldo, i giovani imprenditori locali hanno iniziato a produrre souvenir originali e moderni. Oltre a questi, cercate i prodotti dell'artigianato tradizionale in vendita nei migliori negozi di souvenir di Funchal.

DANITA DELIMONT/GETTY IMAGES ©

Souvenir made in Madeira

Negli ultimi 10 anni, un nuovo orgoglio anima la produzione artigianale di Madeira. Sempre più spesso nei negozi si trovano prodotti che recano l'adesivo con la scritta 'Made in Madeira'. Ma quali articoli propone Madeira come souvenir? I più classici sono il vino e i tessuti ricamati, la produzione dei quali è regolata dall'IVBAM (Instituto do Vinho, do Bordado e do Artesanato da Madeira). Altri prodotti tipici made in Madeira sono il *bolo de mel*, i biscotti allo zucchero di canna, bevande come la *poncha*, gioielli, manufatti in osso di balena di Caniçal e oggetti in vimini di Camacha.

Mercado dos Lavradores
Il famoso mercato di Funchal trabocca dei variopinti prodotti del 'giardino dell'Atlantico'. (p52)

Livraria Esperança
La più grande libreria del Portogallo. Tratta libri nuovi e di seconda mano. (p45)

Saudade Madeira
Articoli unici forniti da decine di piccoli produttori artigianali, oltre a un bel caffè e vari laboratori. (p46)

Madeira Lovers
Nuovo marchio di ricordini, ottimo antidoto contro i soliti souvenir all'insegna del kitsch. (p66)

Armazém do Mercado
Nuovo spazio con negozi temporanei di produttori e artigiani locali – anche mercato di prodotti biologici. (p64)

Patrício & Gouveia
Il più raffinato negozio di souvenir di Funchal, garanzia del miglior artigianato dell'isola. (p64)

Casa do Turista Negozio di souvenir simile a un museo, specializzato in artigianato madeirense e portoghese della miglior qualità. (p45)

Bordal
Il posto giusto per acquistare i tradizionali tessuti ricamati e osservare le ricamatrici all'opera. (p67)

O Relógio
Meraviglie in vimini di tutte le forme e dimensioni nel negozio sopra la fabbrica. (p82)

Il meglio
Musei e gallerie

A Madeira ci sono diversi musei interessanti che illustrano praticamente ogni aspetto del passato e del presente dell'isola. Economici, ben tenuti e aperti quando lo vorreste, sono dotati di una sezione interattiva e permettono di farsi un'idea piuttosto precisa della storia, della cultura e della vita locale. Visitarli è un modo piacevole per conoscere davvero Madeira.

Quinta das Cruzes
In questa villa si scopre come viveva l'aristocrazia di Funchal nei secoli passati. (p24)

Museu da Baleia
Il museo della Balena di Caniçal è uno tra i migliori mai realizzati sul tema dei cetacei. (p85)

Museu Etnográfico da Madeira
Una tappa d'obbligo per chi è interessato a conoscere la vita tradizionale dell'isola; si trova a Ribeira Brava. (p101)

Museu CR7
Funchal ospita l'unico museo al mondo dedicato a Cristiano Ronaldo, il più famoso calciatore madeirense di tutti i tempi. (p36)

Casa Museu Frederico de Freitas
Una villa di Funchal che diventa un vero paradiso per i collezionisti di ogni genere e specie. (p36)

Museu de Arte Sacra
La più importante collezione d'arte di Madeira, con opere provenienti da tutta l'isola. (p26)

Museu Photographia Vicentes
Scoprite il passato di Madeira attraverso una serie di belle fotografie d'epoca. (p36)

Casa da Luz – Museu de Electricidade
Chi avrebbe mai pensato che un museo sulla produzione di energia elettrica potesse essere così interessante? (p57)

PAUL BERNHARDT/ALAMY ©

Consigli

- Quasi tutti i musei di Madeira sono chiusi almeno un giorno a settimana, di norma domenica o lunedì.
- A Madeira non esiste una tessera turistica che dia diritto a sconti, ma l'ingresso ai musei costa poco, circa €3.
- Alcuni musei dell'isola, ma non tutti, osservano una pausa pranzo: controllate bene gli orari d'apertura prima di mettervi in marcia per raggiungerli.

Il meglio
Tour

Tukxi (☎291 207 083; www.tukxi.pt; Rua dos Aranhas 53; tour a partire da €30 per tuk tuk) L'agenzia Tukxi ha una flotta di 10 Ape Calessino elettrici pronti a scarrozzare i visitatori in giro per la città. Offre vari tipi di tour, con l'accompagnamento di conducenti-guida molto competenti. Un modo nuovo ed ecologico per vedere Funchal.

City Bubble Tours (☎291 782 855; www.citybubbles.pt; Estrada Monumental, Edifício Atlântida; 1 h €26, 4 h €50, intera giornata €60; ⏲10-20) Apprezzate da un numero sempre maggiore di viaggiatori, le Renault Twizy elettriche a due posti sono un mezzo divertente ed ecologico per sfrecciare lungo le strade di Madeira. Gli itinerari sono prestabiliti e guidati tramite GPS. Non mancano le colonnine di ricarica piazzate in punti strategici in giro per l'isola.

Rota dos Cetáceos (☎291 280 600; www.rota-dos-cetaceos.pt; Marinia Shopping, Avenida Arriaga 75; adulti/bambini €48/33; ⏲8.45, 12.30 e 16 lug-set, 9 e 13.30 ott-giu) Escursioni di quattro ore per avvistare balene e delfini, in compagnia di un biologo marino. Se gli animali non compaiono, l'agenzia offre una seconda escursione gratuita.

Madeira Explorers (☎291 763 701; www.madeira-levada-walks.com; negozio 23, 1° piano, Monumental Lido; mezza giornata/giornata intera €27/37) Agenzia professionale che organizza escursioni lungo le levadas e lungo altri sentieri dell'isola. Nel prezzo sono compresi i trasporti da/per l'albergo.

Ventura (cartina p34; ☎963 691 995; www.venturadomar.com; Funchal Marina) Quest'agenzia propone escursioni in yacht alle Ilhas Desertas

MERTEN SNIJDERS/GETTY IMAGES ©

e alle Ilhas Selvagens (disabitate le une come le altre), escursioni di birdwatching, tour per avvistare delfini e balene e uscite di canyoning fra le montagne dell'entroterra.

History Tellers (☎291 705 060; www.historytellers.pt; Armazém do Mercado, Rua Latino Coelho 39; tour €5; ⏲10-20 lun-sab, fino alle 18 dom) Passeggiate per le vie di Funchal, guidate da studenti volontari molto preparati. Tutti i proventi sono destinati al finanziamento di borse di studio e del sindacato studenti dell'Università di Madeira.

Il meglio
Per i bambini

Una volta Madeira aveva fama di essere una meta adatta ai viaggiatori anziani; in realtà è un'isola fantastica in cui portare i bambini, soprattutto quando nell'emisfero settentrionale è inverno. Oggi sono sempre più numerose le famiglie che la visitano: spiagge di sabbia nera, parchi giochi innumerevoli e caffè stracolmi di dolci squisiti faranno la gioia dei vostri figli.

GREGORIO CUNHA/AFP/GETTY IMAGES ©

Un popolo che ama i bambini

È soprattutto l'atteggiamento affettuoso dei madeirensi a rendere l'isola un posto così accogliente per i bambini, benvenuti assolutamente dappertutto. È raro che un conducente d'autobus faccia pagare il biglietto a un bambino e al ristorante troverete la massima disponibilità da parte di cuochi e camerieri, pronti a soddisfare ogni esigenza dei piccoli.

Musei

Museu da Baleia Proiezioni in 3D, modelli giganti di balena appesi al soffitto e la simulazione di un viaggio sottomarino! (p85)

Casa da Luz – Museu de Electricidade Esperimenti pratici elettrizzanti. (p57)

Centro Ciência Viva S'impara senza rendersene conto in questo centro interattivo dedicato soprattutto alla laurisilva di Madeira protetta dall'UNESCO. (p75)

Museu CR7 Una tappa imperdibile per gli appassionati di calcio. (p36; foto in alto)

Museu do Brinquedo Una collezione di giocattoli d'antan. (p58)

Incontri con gli animali

Aquário da Madeira Trovarsi faccia a faccia con uno squalo senza correre alcun rischio. (p75)

Allevamento di trote di Ribeiro Frio I bambini adorano osservare i pesci che nuotano in cerchio nell'acqua. (p110)

Puro divertimento

Grutas e Centro do Vulcanismo Un viaggio al centro della terra alla maniera di Jules Verne. (p75)

Aeroporto da Madeira Le complicate manovre dei piloti intenti ad atterrare sono un vero spettacolo. (p85)

Parque Temático da Madeira Barche a remi, parchi giochi dove arrampicarsi e un labirinto in cui perdersi, attirano i bimbi in questo parco a tema. (p75)

Slitte di Monte Fate finta di avere un volante tra le mani sfrecciando sulla slitta che scende da Monte. (p69)

Il meglio
Feste ed eventi

Carnaval
(Avenida Sá Carneiro e Avenida do Mar; 40 giorni prima di Pasqua) La festa più importante del calendario si tiene a Funchal alla fine dell'inverno, in piena alta stagione turistica. Fulcro del Carnevale, uno tra i più vivaci al mondo, è il corteo che parte alle 21 e procede per due ore sul lungomare di Funchal. Si tratta di uno spettacolo impossibile da dimenticare, con centinaia di ragazze danzanti a ritmo di samba, percussionisti e vistosi carri allegorici, illuminati a giorno sullo sfondo nero inchiostro dell'Atlantico.

Maratona di Funchal
(www.funchalmarathon.com; inizio marzo) Maratona, mezza maratona e corse amatoriali che per lo più evitano le colline di Funchal.

Festa da Flor
(fine aprile; foto a destra) Sembra quasi una ripresa del Carnevale, ma è la festa che celebra l'esuberante vegetazione di Madeira tramite una sfilata di carri fastosamente decorati con piante e fiori, che attraversa il centro di Funchal a ritmo di samba.

Festival do Atlântico
(www.festivalatlantico.com; 22.30 tutti i sabati di giugno) La tradizione dei fuochi d'artificio è ben radicata a Madeira e, non a caso, gli spettacoli pirotecnici dell'isola si sono aggiudicati un paio di record mondiali. Il festival di Funchal dedicato all'arte della pirotecnia anima le serate dei quattro sabati di giugno.

Festa de Nossa Senhora do Monte
(Monte; 15 agosto) La Madonna di Monte, santa patrona dell'isola, viene celebrata con una

HOLGER LEUE/GETTY IMAGES ©

messa, fiori e stand gastronomici. La festa si svolge nel sobborgo di Monte, intorno alla Igreja da Nossa Senhora.

Noite do Mercado
(sera del 23 dicembre) Gli abitanti di Funchal si intrattengono fino alle ore piccole presso il Mercado dos Lavradores e nelle vie circostanti per mangiare, bere e augurarsi buon Natale.

Fim do Ano (31 dicembre) L'evento più atteso dell'anno dopo il Carnevale è il Capodanno, che prevede uno spettacolo pirotecnico senza uguali cui fa da sfondo l'intera città di Funchal.

Il meglio
Spiagge e bagni in mare

TAN YILMAZ/GETTY IMAGES ©

Praia Formosa/ do Arieiro (Rua da Praia Formosa) Ci sono spiagge a Madeira? Prendete l'autobus n. 1 o n. 43 e raggiungete i sobborghi occidentali di Funchal, dove si allunga questa distesa selvaggia di sassi e sabbia nero-bruna. Troverete alcuni caffè-bar, un parcheggio e altre strutture, ma a restare impressa nella memoria sarà la spuma bianca dell'Atlantico che lambisce la sabbia scura di origine vulcanica.

Praia de Machico (Rua do Leiria, Machico; foto in alto) Spiaggia che digrada dolcemente verso l'oceano, coperta di sabbia dorata trasportata qui dal Marocco e protetta da due dighe frangiflutti. Offre docce, servizi igienici e un campo da pallavolo. Nelle vicinanze ci sono vari locali dove si può mangiare.

Praia da Calheta (Rua Dom Manuel I, Calheta) Sono due spiagge artificiali ben protette (create con sabbia proveniente dal Sahara occidentale) situate una di fronte all'altra sul litorale di Calheta, uno dei luoghi più soleggiati dell'isola. Nelle giornate calde è un posto ideale per una nuotata rinfrescante; in zona ci sono molti ristoranti.

Piscinas Naturais (all'incrocio fra Rua dos Emigrantes e Rua do Forte de São João Baptista, Porto Moniz; ingresso €1,50; ⌚9-17.30) A entrambe le estremità del lungomare di Porto Moniz si trovano piscine naturali di roccia vulcanica (rinforzate qui e là da qualche superficie in cemento). Quelle vicino al ristorante Cachalote sono un po' impervie, ma l'ingresso è gratuito, mentre in quelle all'estremità opposta, dove si accede e si nuota più agevolmente, l'ingresso è a pagamento.

Praia de Garajau (Estrada do Cristo Rei, Garajau; funivia sola andata/ andata e ritorno €2/2,50) Ai piedi della scogliera in cima alla quale campeggia la statua del *Cristo Rei* si trova questa spiaggia sassosa, dove un tempo venivano tirate a riva e smembrate le balene catturate al largo di Madeira. Da anni ormai è una spiaggia balneabile, con un ristorante e altre strutture, raggiungibile tramite una funivia o una lunga strada a zig-zag.

Complexo Balnear Lido Galomar (www.galoresort.com; Ponta da Oliveira, Caniço de Baixo) Prendendo l'ascensore presso l'Hotel Galomar di Caniço de Baixo si scopre questo complesso balneare situato in posizione appartata, che offre accesso al mare, piscine e un ristorante di prima qualità.

Il meglio Villaggi

Ponta do Sol
Il posto più soleggiato dell'isola è un piccolo e grazioso nucleo abitato (foto a destra) con una spiaggia rocciosa. Si trova lungo il tragitto tra Funchal e Calheta e merita una sosta.

Ribeira Brava
A pochi chilometri da Funchal sorge un villaggio suggestivo e vivace chiamato 'Fiume Selvaggio', uno tra i più belli dell'isola. Allontanatevi dal lungomare, più turistico, per addentrarvi nell'intreccio di viuzze interne, dove si trovano negozi all'antica e piccoli caffè frequentati dalla gente del luogo.

Serra de Água
(ER104) Pittoresco villaggio di mille anime adagiato nella valle centrale che taglia l'isola praticamente in due, lungo una strada non molto battuta dai turisti. L'abitato è circondato da alte montagne e coltivazioni a terrazze.

Madalena do Mar
(ER101) All'imboccatura di una valle strettissima si trova Madalena do Mar, minuscolo villaggio con una lunga spiaggia sassosa e un'atmosfera placida e rilassata, ben lontana dall'animazione di Funchal.

Paúl do Mar
(ER223) Costruito su una sporgenza della costa ai piedi di alte scogliere, l'ameno villaggio di Paúl do Mar è la capitale madeirense del surf – ha perfino ospitato un'edizione dei Campionati mondiali di Surf.

Ribeiro Frio
(ER103) Il 'Fiume freddo' è un villaggio di montagna, situato però sotto il limite della vegetazione

arborea, da cui partono alcuni sentieri che costeggiano le levadas. Ha un paio di ristoranti accoglienti, dove d'inverno ci si scalda al fuoco del caminetto.

São Vicente
(ER101/104) Questo grande villaggio della costa settentrionale offre una delle attrazioni più interessanti di Madeira: Grutas e Centro do Vulcanismo. Ha una bella piazza, una graziosa chiesa imbiancata a calce con profili di basalto e una spiaggia rocciosa su cui si affacciano caffè e ristoranti.

Il meglio Madeira gratis

Fino a poco tempo fa Madeira era generalmente percepita come una meta piuttosto costosa, ma, una volta sul posto, si scopre che è possibile risparmiare. Per esempio, per i biglietti d'autobus e per i pasti nei caffè si spende meno di quanto ci si aspetta. Senza contare tutto quel che è gratuito!

MERTEN SNIJDERS/GETTY IMAGES ©

Tutto gratuito

Sull'isola non ci sono spiagge a pagamento e tutte le strutture in riva al mare, ovunque vi sia sabbia naturale o importata, si possono utilizzare gratuitamente. L'ingresso alle chiese è sempre libero, non si paga per accedere ai sentieri lungo le levadas ed è gratuito anche l'ingresso a molti parchi e giardini. Perfino le case vinicole offrono gratis almeno uno o due assaggi ai visitatori interessati a una degustazione. Pure il ricco calendario degli eventi dell'isola è fruibile senza tirar fuori il portafoglio. A meno di non voler acquistare un posto VIP a sedere, il meraviglioso Carnevale di Funchal è uno spettacolo gratuito per tutti.

Sé L'ingresso alla Cattedrale di Madeira è libero. (p28)

Zona Velha Non costa nulla passeggiare per le vie di questo quartiere suggestivo. (p50)

Praia Formosa È libero l'accesso a questa bella spiaggia di sabbia nera, lido selvaggio affacciato sull'Atlantico. (p132)

Casa do Turista Non si paga per vedere la mostra di souvenir in questo grande emporio nel centro di Funchal. (p45)

Cabo Girão Qui piuttosto bisognerebbe pagare i turisti che hanno il coraggio di calpestare la piattaforma panoramica di vetro sospesa sul mare a 580 m d'altezza. (p101)

Mercado dos Lavradores È uno dei posti più affascinanti di Madeira: l'accesso è gratuito, ma non gli eventuali acquisti. (p52; foto)

Fabbrica di vimini di Camacha L'ingresso è libero, ma quasi nessuno sa resistere alla tentazione di acquistare qualche oggetto di vimini. (p82)

Aeroporto da Madeira Osservate aerei e airbus alle prese con rocambolesche manovre di atterraggio. (p85)

Jardim Panorâmico Incantevole giardino soleggiato, nella zona degli alberghi, a ingresso libero. (p31)

Case triangolari di Santana Si può entrare liberamente nelle case tradizionali di Santana. (p76)

Il meglio
Degustazioni

Henriques & Henriques (www.henriquesehenriques.pt; Avenida da Autonomia 10, Câmara de Lobos; ingresso libero; 9-13 e 14.30-17.30 lun-ven) Molti addetti ai lavori considerano Henriques & Henriques l'azienda vinicola migliore dell'isola. Le uve utilizzate per la produzione provengono esclusivamente dai vigneti di proprietà di Quinta Grande e Câmara de Lobos. Il Madeira viene poi affinato in grandi botti presso la nuova sede delle cantine, costruite su misura. Ai visitatori è offerto un assaggio gratuito di quattro tipi di vino con tre anni di invecchiamento.

Blandy's (www.blandys.com; Avenida Arriaga 28, Funchal; tour €5,50; visite guidate 10.30, 14.30, 15.30 e 16.30 lun-ven, 11 sab) Ospitato nelle Adegas de São Francisco, ex monastero francescano, Blandy's riunisce le aziende vinicole britannico-madeirensi a cui nel XVII secolo furono accordati particolari diritti per il commercio con l'Inghilterra. La visita alle cantine, molto apprezzata dai turisti, dura 45 minuti, è condotta da guide esperte e si conclude con due assaggi gratuiti.

Pereira D'Oliveira (Rua dos Ferreiros 107, Funchal; ingresso libero; 9-18 lun-ven, 9.30-13 sab) Trovandosi nel centro di Funchal, è la cantina più comoda da visitare. Chiunque è invitato a entrare nella grande sala delle botti e a degustare i vini dell'azienda, di solito accompagnati da un pezzetto di *bolo de mel*. Lungo le pareti vedrete allineate bottiglie che risalgono all'inizio del XX secolo. L'azienda offre condizioni di spedizione vantaggiose per chi acquista il vino.

HOLGER LEUE/GETTY IMAGES ©

Borges (www.hmborges.com; Rua 31 de Janeiro 83, Funchal; ingresso libero; 9-12.30 e 14-17.30 lun-ven) L'azienda vinicola più piccola di Funchal accoglie i visitatori in una bella sala degustazioni in legno, molto tranquilla e lontana dalle folle di turisti. È possibile assaggiare gratuitamente due vini a scelta fra le eccellenti produzioni della casa (fino a 20 anni di invecchiamento) e spesso viene offerto anche un pezzetto di *bolo de mel* come accompagnamento.

Guida pratica

Prima di partire

Quando andare

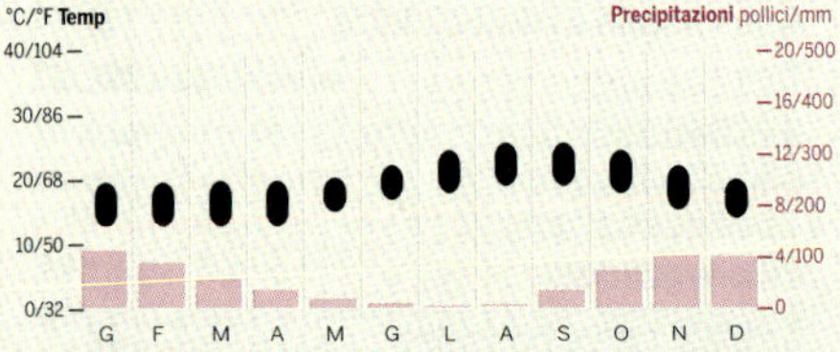

Estate (apr-ott)
Madeira è più tranquilla nei mesi estivi, quando le temperature aumentano e molti fuggono dall'afa dell'Europa meridionale. È il periodo migliore per fare vita da spiaggia e nuotare. Tuttavia, durante le escursioni a piedi si patisce molto il caldo.

Inverno (ott-marzo)
A Funchal giungono molti viaggiatori provenienti dall'Europa settentrionale; il termometro scende a 18°C nelle ore diurne, ma le piante dell'emisfero australe sono in fiore. Fra novembre e marzo sono possibili i temporali. Capodanno e Carnevale (febbraio o marzo) sono gli eventi più attesi.

Prenotare il soggiorno

- Quasi tutti i visitatori alloggiano a Funchal. Se dormite fuori città, non fate affidamento sui mezzi pubblici per spostarvi.
- Gran parte delle sistemazioni di Funchal si trova nella zona degli alberghi, lungo la costa a ovest del centro.
- Anche se qui si concentrano tutti i grandi alberghi di Madeira, la zona degli alberghi è un quartiere gradevole.
- Tra le sistemazioni più eleganti al di fuori della zona degli alberghi figurano le *quintas*, hotel ricavati da ville di campagna d'epoca.

Siti utili

Madeira Rural (www.madeirarural.com) Ville, cottage e altre in aree rurali.

Lonely Planet Italia (www.lonelyplanetitalia.it/hotel) Prenotazioni online.

Madeira Apartments (www.madeiraapartments.com) Ville, cottage e appartamenti in varie località dell'isola.

Madeira Web (www.madeira-web.com) Tutti i migliori alberghi di Madeira in un solo sito.

Pestana Group (www.pestana.com) Prenotazioni dirette tramite Pestana, il gruppo che possiede alcuni alberghi di lusso sull'isola.

Il meglio – prezzi bassi

29 Madeira Hostel (www.29madeirahostel.com) L'ostello più nuovo di Funchal ha aperto i battenti in una casa anni '30 del centro, stupendamente restaurata.

Santa Maria Hostel (www.santamariafunchal.com) Grande ostello in una ex scuola della Zona Velha, con un ottimo bar e ristorante.

Pousada dos Vinháticos (www.dorisol.com) Sistemazione comoda per le escursioni in montagna, tra la Serra de Água e il passo Encumeada.

Parque de Campismo do Porto Moniz (www.portomoniz.pt) L'unico campeggio di Madeira si trova a Ribeira da Janela, vicino a Porto Moniz.

Residencial Zarco (www.residencialzarco.com) Le camere non sono nulla di speciale, ma è imbattibile per la posizione centrale, sul lungomare di Funchal.

Il meglio – prezzi medi

Quinta do Monte (www.quintadomontemadeira.com) Albergo con giardino tropicale, ricavato da una *quinta* tradizionale nel sobborgo di Monte.

Quinta Splendida (www.quintasplendida.com) Albergo ben tenuto nel villaggio di Caniço, con camere che danno su un bellissimo giardino.

Calheta Beach Hotel (www.calheta-beach.com) Eccellente albergo situato presso la spiaggia artificiale di Calheta.

Madeira Panorâmico Hotel (www.madeira-panoramico.com) Albergo che domina l'Atlantico dall'alto di São Martinho, in posizione molto panoramica.

O Colmo (www.hotelocolmo-santana.com) Albergo di buona qualità, non costoso, sulla via principale di Santana.

Il meglio – prezzi elevati

Cliff Bay (www.portobay.com) Albergo di lusso e di ottima qualità, nella zona degli alberghi di Funchal.

Estalgem Ponta do Sol (www.pontadosol.com) Albergo elegante, arredato in stile minimalista, sulla scogliera che sovrasta la Ponta do Sol.

The Vine (www.hotelthevine.com) Uno tra gli alberghi di design più belli d'Europa, in pieno centro di Funchal.

Reid's Palace (www.belmond.com) Da sempre l'albergo più esclusivo di Madeira, con una lunga lista di celebrità nel libro degli ospiti.

Pestana Grand (www.pestana.com /en/hotel/pestana-grand) Albergo a cinque stelle a Ponta da Cruz, l'estremità tranquilla della zona degli alberghi.

All'arrivo

Aeroporto di Madeira

➡ L'**Aerobus SAM** (www.sam.pt; sola andata/andata e ritorno €5/8) effettua circa 17 corse al giorno, in coincidenza con arrivi e partenze, tra l'aeroporto e Praia Formosa, passando per il centro di Funchal e la zona degli alberghi.

➡ L'autobus SAM n. 113 ferma all'aeroporto lungo la sua corsa da Machico al centro di Funchal.

➡ Il trasporto per o dall'aeroporto può essere organizzato in anticipo tramite **Madeira Airport Transfers** (www.madeira-airport-transfers.com; viaggio di sola andata €23). È possibile prenotare online.

Terminal delle navi da crociera

➡ Il centro di Funchal è raggiungibile a piedi in 15 minuti circa.

➡ Dal centro città prendete l'autobus **Horários do Funchal** (www.horariosdofunchal.pt) n. 01, 02 o 04 fino alla zona degli alberghi.

➡ Troverete taxi in attesa vicino al terminal.

Aeroporto di Porto Santo

➡ Il taxi è l'unico mezzo che consente di raggiungere il vostro albergo dall'Aeroporto di Porto Santo. Quando ci sono voli in arrivo si trovano taxi in attesa presso il terminal.

Trasporti locali

Autobus

☑ **Il meglio per**... gran parte degli spostamenti a Madeira.

Sono pochissimi gli autobus che non hanno il capolinea a Funchal. A Madeira operano le seguenti compagnie:

Horários do Funchal (www.horariosdofunchal.pt) Gestisce tutte le linee urbane di Funchal e raggiunge alcune località di montagna nella parte orientale dell'isola.

Rodoeste (www.rodoeste.com.pt) Serve destinazioni a ovest di Funchal.

SAM (www.sam.pt) Serve tutte le località a est di Funchal, compresi l'aeroporto e Machico.

EACL (www.eacl.pt) Piccola compagnia che serve Caniço e Garajau.

Tenete sempre il biglietto a portata di mano:

Biglietti d'autobus

Per la maggior parte delle compagnie i biglietti d'autobus si acquistano a bordo, direttamente dal conducente, ma ci sono alcune eccezioni. Per gli autobus delle linee urbane Horários do Funchal occorre una tessera magnetica chiamata Giro card (€0,50 all'acquisto + l'importo relativo alla formula prescelta) che si acquista dal conducente o nei punti vendita Horários do Funchal e si carica in contanti presso i distributori automatici sul lungomare di Funchal. È disponibile in diverse formule: comprata a bordo con una singola corsa costa €1,95, con la ricarica per un numero di corse *(títulos)* compreso fra due e nove il prezzo della corsa scende a €1,35, fra nove e 31 corse €1,25 ciascuna. Le ricariche per 1/3/5/7 giorni con corse illimitate costano €4,60/11,80/16,20/21,85. Nella zona degli alberghi non ci sono distributori automatici dove poter ricaricare la Giro card, quindi assicuratevi di avere ancora una corsa a disposizione per poter ritornare in centro.

i controlli sono molto frequenti sugli autobus di tutte le compagnie.

Linee utili

- **Horários do Funchal** (linee urbane) n. 01, 02, 04 centro città – zona degli alberghi; n. 48 zona degli alberghi – Monte; n. 20/21 centro città – Monte; n. 22 centro città – Babosas.
- **Horários do Funchal** (linee interurbane) – n. 56/103 Santana via Ribeiro Frio; n. 81 Curral das Freiras; n. 113 Camacha.
- **Rodoeste** n. 80 Porto Moniz; n. 139 Porto Moniz via São Vicente ed Encumeada; n. 6 Encumeada; n. 7 Ribeira Brava.
- **SAM** n. 23 Machico; n. 113 Baía D'Abra via Machico e Caniçal.

Capolinea

A Funchal non esiste una stazione degli autobus. I capolinea delle diverse compagnie sono i seguenti:

- **Horários do Funchal** (linee urbane) Gli autobus delle linee urbane partono da varie fermate situate sul lungomare (Avenida do Mar) di Funchal.

Consigli per risparmiare

- Calcolate il numero approssimativo di corse che farete con gli autobus di Funchal e caricate la vostra Giro card di conseguenza.
- Nella rivista gratuita *Best of Madeira Guide* distribuita in alberghi e ristoranti troverete numerosi buoni sconto.
- Prenotate i trasporti per/dall'aeroporto in anticipo pagando con PayPal.
- Usate gli autobus piuttosto che i taxi per raggiungere le levadas.
- Organizzate le escursioni a piedi per conto vostro piuttosto che tramite un'agenzia.
- Quando prendete un taxi fuori Funchal non accettate mai il primo prezzo proposto dal tassista.

- **Horários do Funchal** (linee interurbane) Queste linee partono da una piccola autostazione in Rua José da Silva, nella zona degli alberghi.
- **Rodoeste** La biglietteria e la fermata principale in città della compagnia Rodoeste si trovano di fronte alla panetteria-caffè OPAN in Avenida do Mar. Molti autobus Rodoeste effettuano anche varie fermate nella zona degli alberghi.
- **SAM** Il capolinea della compagnia SAM si trova in Avenida Calouste Gulbenkian, nella parte alta di Funchal, più o meno di fronte al centro commerciale Dolce Vita. Tuttavia, è più comoda la fermata SAM lungo Avenida do Mar.

Automobile e motocicletta

☑ **Il meglio per**... girare l'isola per conto proprio e raggiungere alcuni sentieri che costeggiano le levadas.

- Tutte le compagnie internazionali di autonoleggio hanno uffici sia all'aeroporto sia in centro città.
- Occorre avere una certa esperienza al volante per guidare lungo le strade fuori Funchal, che in alcuni casi sono molto ripide.

➡ A Madeira ci sono ovunque ampie possibilità di parcheggio.
Ecco alcune compagnie di autononeggio locali:

Rodavante (www.rodavante.com)

Auto Jardim (www.carhiremadeira.net)

Guerin (www.guerin.pt)

Taxi

☑ **Il meglio per**... fare un lungo giro dell'isola in giornata senza noleggiare un'auto, ma anche per raggiungere i sentieri delle levadas.

➡ I taxi madeirensi sono gialli con una striscia azzurra lungo la fiancata. I modelli più comuni in circolazione sono berline e monovolume Mercedes.

➡ Alla tariffa iniziale di €2,50 (€3 di notte e nel weekend) si aggiungono €0,74 (€0,88) per chilometro. A volte si paga anche per il bagaglio (€1,50).

➡ A Funchal la tariffa della corsa viene calcolata con il tassametro.

➡ Per le corse extraurbane, nei periodi di bassa stagione, spesso si riesce a contrattare sul prezzo.

➡ Molti proprietari/compagnie di taxi organizzano anche escursioni e tour dell'isola. Per un'intera giornata calcolate di spendere fra €25 e €35 per persona.

➡ La reception di un albergo è sempre in grado di procurarvi un taxi affidabile.

➡ Evitate di prendere i taxi che reclamizzano i loro servizi alle fermate degli autobus.

Bicicletta

☑ **Il meglio per**... circolare nella zona degli alberghi e nel centro di Funchal.

➡ Ci sono un paio di negozi che noleggiano biciclette nella zona degli alberghi.

➡ **Freeride Madeira** (www.freeridemadeira.com; Hotel Porto Mare, Rua Simplício Passos de Gouveia 21, Funchal) noleggia mountain bike di qualità a partire da €25 al giorno.

Imbarcazioni

☑ **Il meglio per**... raggiungere Porto Santo e altre isole.

➡ **Porto Santo Line** (☎291 210 300; www.portosantoline.pt; andata e ritorno €46,95-57,40), l'unica compagnia di navigazione che opera nell'arcipelago, ha un traghetto per Porto Santo ogni giorno.

➡ Esistono altre imbarcazioni, non di linea, che servono le Isole Deserte ed effettuano spedizioni di pesca o di avvistamento della fauna. Un operatore consigliato è **Ventura** (cartina p34; ☎963 691 995; www.venturadomar.com; Funchal Marina).

Informazioni

Ambasciate e consolati

Italia (☎213 515 320; fax 213 154 926; ambasciata.lisbona@esteri.it; www.amblisbona.esteri.it; Largo Conde de Pombeiro 6, 1150-100 Lisbona)

Svizzera (☎213 944 090; fax 213 955 945; lis.vertretung@eda.admin.ch; www.eda.admin.ch/lisbon; Travessa do Jardim, 17, 1350-185 Lisbona)

Documenti e visti

➡ I cittadini italiani e dei restanti paesi UE, così come i cittadini svizzeri, possono entrare in Portogallo con la sola carta d'identità valida per l'espatrio o il passaporto in corso di validità.

➡ Alcune compagnie aeree low cost potrebbero negare l'imbarco ai possessori di carta d'identità rinnovata con timbro di proroga, malgrado questa sia riconosciuta sia dalle autorità italiane sia da quelle portoghesi. Informatevi per tempo presso la compagnia aerea con la quale volerete ed eventualmente richiedete una nuova carta d'identità.

➡ Anche i minori devono avere la carta d'identità valida per l'espatrio o il passaporto personale. È bene che i minori di 14 anni che si recano all'estero con i genitori siano muniti di documentazione comprovante la titolarità della potestà sul minore. Per maggiori informazioni rivolgetevi al vostro comune di residenza o alla questura e v. i seguenti siti:

- www.poliziadistato.it/articolo/191-Passaporto_per_i_minori/
- www.esteri.it/mae/it/italiani_nel_mondo/serviziconsolari/documenti_di_viaggio/

Elettricità

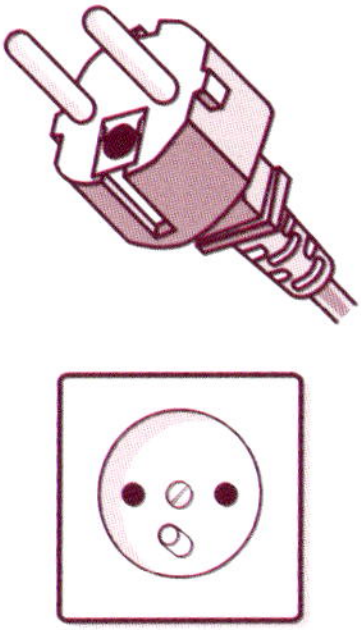

220V/50Hz

Emergenze

Emergenze mediche ☎291 204 480

Numero europeo per le emergenze ☎112

Polizia ☎291 208 400

Vigili del fuoco ☎291 200 930

Festività

Come misura di austerità alcune feste sono state cancellate fino al 2019 e non si sa ancora se verranno ripristinate dopo questa data.

Le festività pubbliche del calendario portoghese e madeirense in vigore sono:

Capodanno 1° gennaio

Carnevale 40 giorni prima del Lunedì di Pasqua

Pasqua marzo/aprile

Festa della Libertà 25 aprile; celebra la rivoluzione del 1974

Si fa/Non si fa

➡ In alcuni ristoranti e locali di categoria elevata si richiede un abbigliamento casual-elegante.

➡ Lasciate che sugli autobus salgano per primi i passeggeri con bambini. Se viaggiate con i vostri figli, riceverete lo stesso trattamento.

➡ In autobus lasciate il vostro posto a sedere alle persone anziane e ai bambini.

➡ Non salite a bordo dei taxi che offrono i loro servizi alle fermate degli autobus.

➡ Imparate qualche frase in portoghese – i madeirensi sono molto gentili e apprezzano gli stranieri che si rivolgono loro con un *bom dia* (buongiorno) e sanno dire *obrigado* (grazie).

Festa del Lavoro 1° maggio

Festa Nazionale 10 giugno

Festa di Madeira 1° luglio

Assunzione 15 agosto

Festa di Funchal 21 agosto

Immacolata Concezione 8 dicembre

Natale 25 dicembre

Informazioni turistiche

L'Ufficio del Turismo del Portogallo gestisce l'utile sito **www.visitportugal.com**, anche in italiano, da cui potrete scaricare l'opuscolo dedicato a Madeira.

Il principale **turismo** (ufficio turistico; cartina p34, F3; ☎291 211 902; www.visitmadeira.pt; Avenida Arriaga 16; ⏲9-20 lun-ven, 9-15.30 sab e dom) è efficiente, ma a volte gli impiegati appaiono un po' disorientati e fanno spazientire i turisti.

Filiali dell'ufficio turistico si trovano all'aeroporto, al Centro Comercial Monumental, al terminal delle navi da crociera, a Curral das Freiras, Santana, Porto Moniz, Vila Baleira e Ribeira Brava.

Informazioni turistiche all'estero

Prima della partenza potete richiedere materiale informativo agli uffici **Aicep** (Agência para o Investimento e Comércio Externo de Portugal; info@visitportugal.com), di cui indichiamo le sedi in Italia e Svizzera:

Italia (☎02 006 29 000; fax 02 006 290 99; aicep.milan@portugalglobal.pt; www.visitportugal.com; Via Paolo da Canobbio 8, 20122 Milano; ⏲10-12.30, 14-17 dal lunedì al venerdì)

Svizzera (☎044-200 3040; aicep.zurich@portugalglobal.pt; www.portugalglobal.pt; Zeltweg 13, 8032 Zürich)

Moneta

☑ **Attenzione** Servono i contanti per autobus e taxi.

➡ La moneta ufficiale del Portogallo è l'euro (€).

➡ Gli sportelli bancomat sono ampiamente diffusi. Verificate prima della partenza se a Madeira potrete utilizzare lo stesso PIN che utilizzate in Italia.

➡ È raro che qualcuno si aspetti una mancia.

➡ Le carte di credito sono accettate in quasi tutti gli esercizi; in alcuni caffè e piccoli negozi, tuttavia, si accettano solo contanti. In caso di smarrimento o furto contattate uno dei seguenti numeri in Italia: **AmEx** (☎06 72 282, e poi tasto '0'); **Diners Club** (☎800 393 939); **MasterCard** (☎800 870 866); **Visa** (☎800 819 014).

Orari di apertura

☑ **Attenzione** Tutti i musei rimangono chiusi almeno un giorno a settimana. La maggior parte osserva una breve pausa pranzo.

La domenica i negozi sono chiusi, mentre rimangono aperti i centri commerciali e i supermercati. Di norma gli orari d'apertura sono:

Musei 10-12.30, 14-18

Negozi 9-19

Ristoranti 12-15, 18-23

Uffici postali 8.30-20 lun-ven, 9-13 sab

Servizi igienici

➡ I servizi igienici di solito sono gratuiti, puliti e situati in punti strategici.

➡ I servizi per gli uomini sono contrassegnati con la lettera 'H' *(homens)*, quelli per le donne con la lettera 'S' *(senhoras)*.

Telefono

Telefoni cellulari

➡ A Madeira si possono utilizzare i telefoni cellulari europei; le tariffe sono quelle vigenti nella UE.

➡ Conviene acquistare una SIM card portoghese solo se si resta a Madeira per più di due settimane.

➡ Il segnale GSM è buono, anche nelle zone isolate.

➡ Tutti i numeri di Madeira iniziano con ☎291 seguito da sei cifre.

Telefonate internazionali

➡ Per chiamare Madeira dall'estero componete il prefisso di accesso internazionale (☎00 sia per l'Italia sia per la Svizzera), poi il prefisso del Portogallo (☎351) e direttamente il numero desiderato (☎291 seguito da sei cifre).

➡ Per chiamare all'estero da Madeira digitate il prefisso di uscita internazionale (☎00), poi il prefisso del paese (☎39 per l'Italia, ☎41 per la Svizzera), quindi il prefisso della località (con lo 0 iniziale per l'Italia, senza lo 0 invece per la Svizzera e per molti altri paesi se presente) e infine il numero desiderato.

Viaggiatori disabili

➡ I nuovi hotel nella zona degli alberghi per legge devono avere le attrezzature adatte ad accogliere i disabili.

➡ Gli autobus in servizio tra la zona degli alberghi e il centro sono accessibili in sedia a rotelle.

➡ Fuori Funchal non ci sono molte strutture che facilitano gli spostamenti di chi è in sedia a rotelle.

➡ La teleferica per Monte è accessibile ai disabili.

➡ Circa 2 km del sentiero che va da Pico das Pedras a Queimadas sono accessibili in sedia a rotelle.

➡ **Accessible Portugal** (www.accessibleportugal.com) è un'agenzia specializzata per viaggiatori disabili, che organizza tour del Portogallo e viaggi a Madeira.

Viaggiare in sicurezza

☑ **Attenzione** Durante i temporali state lontani da spiagge e litorali – le onde a volte sommergono il lungomare.

➡ Madeira vanta un tasso di criminalità tra i più bassi del mondo.

➡ I pericoli maggiori sono le piene improvvise dei corsi d'acqua, le frane e le cadute di massi.

➡ Nel dubbio, informatevi sull'apertura dei sentieri presso l'ufficio turistico.

➡ State lontani dai fiumi il cui livello fosse aumentato dopo una forte pioggia.

➡ Lungo i sentieri escursionistici non oltrepassate mai le barriere che vietano di proseguire.

➡ Prima di partire collegatevi ai siti www.viaggiaresicuri.it e www.eda.admin.ch/eda/it/home/travad.html.

Guida linguistica

La lingua portoghese è caratterizzata dalla presenza di vocali e dittonghi nasali. Si nasalizzano le vocali seguite da 'm' o 'n' e quelle sormontate da tilde (˜). Tre sono i dittonghi nasali possibili: **ãe** (pronuncia *ai*), **ão** (*au*) e **õe** (*oi*). Per quanto riguarda le consonanti, si ricorda che **ç** si pronuncia come una *ss* doppia, **j** coma la *j* francese (*jour*), **ch** e **x** come il gruppo italiano *sc*, **lh** come l'italiano *gl*, **nh** come l'italiano *gn*, **que** e **qui** come l'italiano *che* e *chi*.

Se volete imparare qualche espressione in più, procuratevi il pratico *Frasario - dizionario portoghese* Lonely Planet. Lo potete acquistare nelle migliori librerie e sul sito **shop.lonelyplanetitalia.it**.

Conversazione di base

Salve.
Olá.

Arrivederci.
Adeus.

Come sta?
Como está?

Bene, e lei?
Bem, e você?

Per favore.
Por favor.

Grazie.
Obrigado. (m)
Obrigada. (f)

Mi scusi.
Faz favor.

Mi dispiace.
Desculpe.

Sì./No.
Sim./Não.

Non capisco.
Não entendo.

Parla inglese?
Fala inglês?

Cibo e bevande

..., per favore.	*..., por favor.*
Un caffè	*Um café*
Un tavolo per due	*Uma mesa para duas pessoas*
Due birre	*Dois cervejas*

Sono vegetariano/a.
Eu sou vegetariano/ vegetariana.

Alla salute!
Saúde!

Era delizioso!
Isto estava delicioso.

Il conto, per favore.
A conta, por favor.

Shopping

Vorrei comprare ...
Queria comprar ...

Sto solo guardando.
Estou só a ver.

Quanto costa?
Quanto custa?

È troppo caro.
Está muito caro.

Può abbassare il prezzo?
Pode baixar o preço?

Emergenze

Aiuto!
Socorro!

Chiamate un dottore!
Chame um médico!

Chiamate la polizia!
Chame a polícia!

Sono ammalato/a.
Estou doente.

Mi sono perso/a.
Estou perdido. (m)
Estou perdida. (f)

Dove sono i servizi igienici?
Onde é a casa de banho?

Date

Che ore sono?
Que horas são?

Sono le (10) in punto.
São (dez) horas.

Sono le (10) e mezzo.
(Dez) e meia.

mattina	*manhã*
pomeriggio	*tarde*
sera	*noite*
ieri	*ontem*
oggi	*hoje*
domani	*amanhã*

Numeri

1	*um*
2	*dois*
3	*três*
4	*quatro*
5	*cinco*
6	*seis*
7	*sete*
8	*oito*
9	*nove*
10	*dez*

Trasporti e indicazioni

Dov'è ...?
Onde é ...?

Qual è l'indirizzo?
Qual é o endereço?

Può mostrarmelo (sulla cartina)?
Pode-me mostrar (no mapa)?

Quando parte il prossimo autobus?
Quando é que sai o próximo autocarro?

Vorrei andare a ...
Queria ir a ...

Ferma a ...?
Pára em ...?

Per favore, si fermi qui.
Por favor, pare aqui.

Dietro le quinte

SCRIVETECI!

Le notizie che ci inviate sono per noi molto importanti e ci aiutano a rendere migliori le nostre guide. Ogni segnalazione (positiva o negativa) viene letta, valutata dalla Redazione e comunicata agli autori.

Mandate i vostri suggerimenti a **lettere@edt.it** e visitate periodicamente **lonely planetitalia.it** per leggere i consigli degli altri viaggiatori. Sul sito troverete anche spunti di viaggio degli autori e tutte le novità del catalogo.

N.B.: Se desiderate che le vostre informazioni restino esclusivamente in Redazione e non vengano utilizzate nei nostri prodotti – cartacei, digitali o web – ricordatevi di comunicarcelo. Per leggere la nostra politica sulla privacy, visitate il sito www.edt.it/privacy/.

Nota dell'autore

Ringrazio di cuore i miei suoceri, Mykola e Vira, per essersi occupati dei bambini a Funchal; Cath Ferreira per l'ottima base che mi ha fornito ad Ajuda, Carlos Pereira di History Tellers, tutte le persone all'Armazém do Mercado, al Madeira Film Experience e al Santa Maria Hostel, il personale degli uffici turistici di Madeira e mia moglie Tanya.

Ringraziamenti

Fotografia pp4-5: Câmara de Lobos, Juergen Sack/Getty Images©

Questa guida

La prima edizione inglese della *Pocket Madeira* Lonely Planet, qui proposta in prima edizione italiana, è stata scritta da Marc Di Duca.

Traduzione Sarina Reina
coordinamento Paola Masi

Edizione italiana a cura di
Cesare Dapino

Responsabile redazione guide Silvia Castelli

Coordinamento
Sara Viola Cabras

Aggiornamenti e adattamenti
Annarosa Sinopoli
coordinamento
Luciana Defedele

Editing
Antonella Capano

Impaginazione
Alessandro Pedarra

Rielaborazione copertina
Sara Gasparini, Alessandro Pedarra
supervisione
Sara Viola Cabras

Rielaborazione grafica cartine Sara Gasparini, Alessandro Pedarra

Produzione
Alberto Capano

Indice

Vedi anche i sottoindici:

Pasti p151

Locali p151

Divertimenti p151

Shopping p151

A

aeroporto, 139
Aeroporto da Madeira, 85
Allevamento di trote di Ribeiro Frio, 110
alloggio, 138
ambasciate e consolati, 142
Aquário da Madeira, 75
Armazém do Mercado, 64
Asburgo, 71
autobus, 140
automobile, 141
aziende vinicole
- Blandy's, 135
- Borges, 135
- Henriques & Henriques, 135
- Pereira D'Oliveira, 135

B

Baía D'Abra, 122
Balcões, 109
bambini, 130
bancomat e carte di credito, 16, 144
Biblioteca de Culturas Estrangeiras, 33
Bica da Cana, 110
bicicletta, 142
birdwatching, 95
Boca da Corrida, 120
Boca da Encumeada, 109
Boca de Cerro, 120
bolo de mel, 40, 124

C

Cabo Girão, 101
caffè, 62
Cais do Sardinha, 123
Caldeirão Verde, 95
Câmara de Lobos, 102
Caniço, 79
Caniço de Baixo, 79
Capela da Boa Viagem, 51
Capela do Corpo Santo, 51
Capela dos Milagres, 85
Carlo I, imperatore, 71
Carnaval, 131
carros de cesto, 69
Casa da Luz Museu de Electricidade, 57
Casa das Mudas, 102
Casa Museu Colombo (Porto Santo), 114
Casa Museu Frederico de Freitas, 36
Cascada do Risco, 97
case triangolari (Santana), 76
Cemitério de São Martinho, 33
Centro Ciência Viva, 75
Churrascaria Santana, 77
clima, 138
Clube Naval do Funchal, 31
Colombo, Cristoforo, 114
Complexo Balnear Lido Galomar, 132
Complexo Balnear Ponta Gorda, 31
Convento de Santa Clara, 37
Corrida, 120
costa settentrionale, 72-9, 74
- da vedere, 75
- itinerari, 73
- trasporti, 73

Cristo Rei, 85
cucina, 124
cultura, 65
Curral das Freiras, 9, 106

D

degustazioni, 135
disabili, 145
documenti e visti, 142

E

elettricità, 143
emergenze, 143
espada, 103, 124
espetada, 124
Estádio dos Barreiros, 33

F

Fabbrica di vimini di Camacha 11, 82
fado, 44
Faial, 79
fauna, 87, 95
Festa da Flor, 131
Festa de Nossa Senhora do Monte, 131
feste ed eventi, 65, 131
Festival do Atlântico, 131
festività, 143
Fim do Ano, 131
flora, 87, 95
Fortaleza de Santiago, 58
Fortaleza do Pico, 38
Franco, Francisco, 58
Frente Mar, 12, 30
Funchal est, 48-71, 56
- da non perdere, 50
- da vedere, 57
- divertimenti, 64
- itinerari, 49
- locali, 62
- pasti, 59
- shopping, 64
- trasporti, 49

Funchal ovest, 22-47, 34
- da non perdere, 24
- da vedere, 36
- divertimenti, 44
- itinerari, 23, 30, 31, 32, 33

000 Da vedere
000 Cartine

locali, 42
pasti, 40
shopping, 45
trasporti, 23

G
ginja, 126
golf, 114
Grutas e Centro do Vulcanismo 75

I
IBTAM, 58
Igreja da Nossa Senhora, 69
Igreja de São Bento, 101
Igreja de São Martinho, 33
Igreja do Bom Jesus, 76
Igreja do Socorro, 59
Ilhéu do Lido, 31
imbarcazioni, 142
informazioni turistiche, 144
internet, 16, 138
itinerari, 12, 14, 78, 79, 118, 119, 120, 121, 122, 123
levadas, 92, 94, 96

J
Jardim Botânico da Madeira, 10, 54
Jardim de Santa Luzia, 38
Jardim de São Martinho, 33
Jardim do Almirante Reis, 51
Jardim Municipal, 38
Jardim Panorâmico, 31
Jardins do Palheiro, 57

000 Da vedere
000 Cartine

L
levadas, 4, 7
itinerari, 92, 95, 96
storia, 90
trasporti, 89
Lido, 30
lingua, 16, 60, 146
locali e vita notturna, 126, 135
Louro Parque, 55

M
Machico, 79
Machin, Robert, 86
Madalena do Mar, 133
Madeira Film Experience, 36
Madeira occidentale, 98-103, 100
itinerari, 99
trasporti, 99
Madeira orientale, 80-7, 84
da non perdere, 82
itinerari, 12, 81
trasporti, 81
mance, 16, 144
Maratona di Funchal, 131
Mata da Nazaré, 33
Mercado dos Lavradores, 10, 52
Miradouro da Portela (Porto Santo), 114
moneta, 16, 144
Montagne dell'entroterra, 104-11, 108
da non perdere, 106
da vedere, 109
itinerari, 105
trasporti, 105
Monte, 9, 68, 79
Monte Palace Tropical Gardens, 70
Morro do Furado, 123
motocicletta, 141
musei e gallerie, 128
Museu CR7, 36
Museu da Baleia, 85
Museu de Arte Sacra, 11, 26
Museu do Brinquedo, 58
Museu Etnográfico da Madeira, 101
Museu Photographia Vicentes, 36
musica, 65

N
Ninho da Manta, 118
Noite do Mercado, 131
norme di comportamento, 143
nuoto, 132

O
ora, 16
orari di apertura, 144

P
parchi e giardini, 136
Parque de Santa Catarina, 38
Parque Florestal de Queimadas, 95
Parque Temático da Madeira, 75
Passo Encumeada, 121
Paúl da Serra, 111
Paúl do Mar, 133
Pehna do cavalo marinho, 122
Pico Castelo (Porto Santo), 114
Pico das Torres, 119
Pico de Ana Ferreira (Porto Santo), 114
Pico do Arieiro, 79, 109, 118
Pico do Facho (Porto Santo), 114
Pico dos Barcelos, 32
Pico Ruivo, 119
Piscinas Naturais, 132
Poiso, 79
poncha, 126
Ponta da Cruz, 31
Ponta do Pargo, 102
Ponta do Sol, 133
Porta da Cruz, 76
Porto Santo, 10, 112, 115
trasporti, 112
Porto Santo Golfe (Porto Santo), 114
Praia da Calheta, 132
Praia de Garajau, 132
Praia de Machico, 132
Praia do Arieiro, 132
Praia Formosa, 31, 132

Q
Quinta da Boa Vista, 59
Quinta das Cruzes Museum, 9, 24
Quinta Magnólia Gardens, 33
Quinta Vigia, 38

R
Reid's Hotel Tea Terrace, 33
Ribeira Brava, 133
Ribeira do Poço, 121
Ribeiro Frio, 79, 133
Ronaldo, Cristiano, 37, 39
Ronaldo, statua, 37
Rua de Santa Maria, 51

S
Santa Cruz, 79
Santana, 76
São Martinho, 12, 32
São Vicente, 133